Histórias daqui e d'acolá

Maria Valéria Rezende

Histórias daqui e d'acolá

Ilustrações Diogo Droschi

2ª Edição

autêntica

Copyright © 2009 Maria Valéria Rezende
Ilustrações © Diogo Droschi

Edição geral
Sonia Junqueira (T&S - Texto e Sistema Ltda.)

Projeto gráfico
Diogo Droschi

Revisão
Ana Carolina Lins Brandão

AUTÊNTICA EDITORA LTDA.
Editora responsável
Rejane Dias

Revisado conforme o Novo Acordo Ortográfico.

Rua Aimorés, 981 – 8º andar
Bairro Funcionários
30140-071 – Belo Horizonte – MG
Tel: (55 31) 3222 68 19
Televendas: 0800 283 13 22
www.autenticaeditora.com.br

Todos os direitos reservados pela Autêntica Editora.
Nenhuma parte desta publicação poderá ser reproduzida,
seja por meios mecânicos, eletrônicos, seja via cópia
xerográfica sem a autorização prévia da editora.

Dados Internacionais de Catalogação na Publicação (CIP)
(Câmara Brasileira do Livro, SP, Brasil)

Rezende, Maria Valéria
Histórias daqui e d'acolá / Maria Valéria Rezende.
– 2. ed. – Belo Horizonte : Autêntica Editora, 2010.

ISBN 978-85-7526-391-4

1. Contos - Literatura brasileira.

09-03354   CDD-869.93

Índices para catálogo sistemático:
1. Contos : Literatura brasileira 869.93

Para Paulo Marcelo de Lima,
Timothy Ireland,
Maria José (Zezinha) Moura de Araújo
José (Zezinho) Barbosa da Silva
e todos os professores e estudantes que
já passaram pelas escolas do Projeto Zé
Pião, nos canteiros de obras da Paraíba.

9 O mundo visto do alto

15 A vida é sonho

21 Um caso muito estranho

27 A felicidade é uma arte

37 O dilema de Zefinha

45 Nem bandido nem herói

55 O mistério do sítio Algodoal

65 O amor transforma

75 A cantiga é uma arma

83 As linhas tortas de Deus

O MUNDO VISTO DO ALTO

A moça voltou do Rio. Juntou gente, comentando na praça:

— Logo se vê... tão alvinha!

— Saiu daqui miúda, não diferenciava em nada das outras meninas da escola municipal. Voltou essa moçona.

— Foi o padrinho que a levou.

— Veio passar o São João.

No meio das outras moças, na frente da igreja, ela agora diferencia até demais. E fala sem parar.

As outras moças, mais matutas ainda junto dela, são apenas moldura para o quadro. Para os olhos de Tatuzinho, nem moldura. Não existem. Não existe mais a igreja, a praça, a vila, nada. Só a moça.

Ninguém nota que Tatuzinho também está lá, olhando a recém-chegada. Ninguém nota, quase nunca, esse menino. Quando se pergunta o nome dele, dizem:

— Tatuzinho... outro nome não tem. Quem poderia dizer era a velha, mas morreu sem que ninguém se lembrasse de perguntar.

Para o povo de Pilão Velho, hoje parece que ele esteve sempre ali, que sempre foi assim, uma coisa da vila como a igreja, a ponte sobre o riacho, os bancos de cimento da pracinha. Mas alguém se lembra:

— Chegou um dia com a velha que chamava de avó, meio cega, meio mouca, meio fraca do juízo.

— O menino, não se sabe que idade tinha... alguma coisa entre oito e doze anos. Quem pode saber? Fraquinho, enfezadinho como todo filho da miséria.

— Também, ninguém perguntou muita coisa: uma velha perto de morrer e um menino vivendo só de teimoso...

— Neco Moreno deixou ficar nos restos da casinha de taipa e palha, no canto do sítio dele, já bem junto do arruado. É aquela mesma onde o menino mora até hoje.

Tatuzinho não sabe que coisa é essa acontecendo dentro dele. Começou quando bateu com os olhos na moça. Uma queimação dentro do peito, uma nuvem na vista que esconde tudo que não é a moça, os ouvidos surdos para tudo o que não seja a voz dela e um sentimento que parece tristeza, mas não é:

— Pelo menos não é daquela tristeza de quando minha avó morreu nem de quando meu cachorro sumiu.

Tatuzinho não sabe o que é:

— Doença também não é, que muitas vezes já fiquei doente e era coisa diferente. Pode ser o juízo enfraquecendo.

O povo já diz:

— Ele é fraco do juízo, igual à avó. Agora ele está ficando também cego e mouco, igual à avó.

Mas uma coisa Tatuzinho sabe:

— Igual não. É diferente, diferente de tudo o que eu conheço.

A morte da avó mudou pouca coisa na vida de Tatuzinho. Só que não precisa mais levar a lata de comida para casa. Encosta na porta da cozinha de qualquer um, recebe o prato com o que vier, come ali mesmo, diz:

— Obrigado, dona, até amanhã.

Desde o começo houve uma espécie de contrato, nem escrito nem falado, entre Tatuzinho e o povo de Pilão Velho. O menino fazia qualquer serviço que pudesse, para quem pedisse, sem botar preço e nem receber pagamento. Do outro lado, ninguém lhe negava um caneco de café, um prato de comida, uma roupa velha ou, quando ficou maiorzinho, uma dose de cana ou uma carteira de cigarro barato.

Toda a gente concorda:

— Tatuzinho é bom como ninguém para fazer mandado que tenha pressa, levar recado urgente, levar pacote, buscar a ferramenta ou o carretel de linha que falta para terminar um trabalho.

Foi crescendo, aprendendo outros serviços, artes; muita coisa pode-se pedir a ele. Tatuzinho, fiel, sempre na pracinha ou na rua do meio, ao alcance de um grito. Quando não tem serviço, encosta-se na parede... espera. Jamais sai da vila. Sua casinha na ponta da rua é o limite do mundo. No mundo rural de Pilão Velho, Tatuzinho é urbano, da pouca urbanidade da vila.

O dia de Tatuzinho começa quando a barra do dia raia por cima da Serra do Pilão, mas agora vira de novo noite quando a moça aparece na praça, manhã alta. Ele pensa:

— É como estar dormindo e sonhando coisa nunca vista, beleza nunca imaginada.

Muitas vezes já não ouve quando gritam por ele, já não vê quando lhe acenam, já não fica encostado na parede da bodega esperando chamado, perde-se a caminho dos mandados, engana-se nos recados. Perdeu todos os rumos, menos o da moça. No rumo dela desvia-se de todos os caminhos, vai cada dia mais longe de tudo, mais perto dela.

Já se começa a comentar na vila:

— Está ficando mais leso, preguiçoso, esse menino...

A moça gosta de sentar-se lá no banco da praça, debaixo do jambeiro, cercada pelas outras que querem ser como ela, falando, gesticulando, mostrando-se.

Os rapazes voltam mais cedo do roçado, banham-se, perfumam-se, vestem a roupa do São João e vão vê-la na esperança de serem vistos.

Tatuzinho não teve roupa nova no São João, por fora é o Tatuzinho de sempre, por dentro só a luz da moça. Tatuzinho, como uma mariposa, chega cada dia mais perto do jambeiro, mais perto dela.

No princípio ninguém notava o menino ali parado, os olhos presos na moça alva. Ele é quase invisível como as coisas que sempre estiveram presentes. Mas quando Dona Inácia se cansou de chamar por ele, sem resposta, foi que toda a gente viu:

— Tatuzinho está lá, feito besta, olhando para a moça.

— Eh, Tatuzinho, está gostando da carioca? Olhe só, Leninha, Tatuzinho está louco por você. Quer namorar, Tatuzinho?

E o coro de jovens cantando:

— Tatuzinho apaixonado! Tatuzinho apaixonado!

Ela achou graça, fez sinal:

— Vem cá, meu bem, senta aqui perto de mim.

Ele foi, levado pelo vento, pelo olhar... pelas pernas não foi, que não sentia mais pernas, nem braços, nem corpo, só os olhos e o coração feito zabumba. Não ouviu os gritos, o riso, a mangação. Viu a moça olhando para ele, rindo para ele, a mão macia no joelho dele, dizendo:

— Se você gosta mesmo de mim, Tatuzinho, vou namorar com você. Só com você e mais ninguém.

Ouviu a moça continuar como num sonho:

— Mas tem que fazer uma coisa para mostrar que gosta mesmo de mim: domingo quero ver você subir até na ponta da torre da igreja e me jogar um beijo lá de cima.

Pilão Velho toda já sabe do amor de Tatuzinho e da exigência da moça.

— Aposto que ele sobe ...

— Pois eu aposto que ele não sobe.

A torre da igreja é alta e fina como uma agulha, como as da terra do padre Humberto, que a mandou fazer.

Dona Inácia diz:

— Isso é maldade da moça, suba não, Tatuzinho.

Mas o povo espera o domingo, dizendo:

— Tatuzinho é leso, vai subir mesmo...

Erlinda está fazendo coxinhas pra vender na praça durante o acontecimento. Disseram que vem um caminhão de gente do sítio Ventania só pra ver.

Tatuzinho não viveu quinta, nem sexta, nem sábado. Nada viu, nada ouviu, nem dormiu nem acordou. Flutuou desencarnado em algum mundo misterioso. Só voltou ao nosso mundo com o badalar do sino.

O menino não vê a praça enchendo-se de gente, não ouve os gritos, assobios e aplausos. Sobe, pelo telhado, pela torre, enquanto o povo grita:

— Pra cima, mais pra cima!

Não sente as palmas das mãos feridas, não sente as plantas dos pés em sangue, não tem medo.

Tatuzinho é leve, forte, pode tudo, tem asas. Mais, um pouco mais... Só pensa em chegar lá em cima, ver a moça, mandar o beijo. Não percebe que aos poucos a praça fica silenciosa, admirada.

Agora, só mais um pouco e sua mão toca a cruz da torre, agarra-se.

Tatuzinho respira todo o ar do mundo e olha: lá embaixo vê o carro preto, a mala, a moça dando adeus ao povo na praça. Tatuzinho vê tudo tão pequeno, lá longe.

Só quando o carro que leva a moça desaparece na curva, numa nuvem de poeira, é que o olhar de Tatuzinho se liberta, encontra o horizonte.

Lá de cima, a vista do menino passeia, vaga, vê campos, estradas, povoados e serras. E Tatuzinho descobre que vasto é o mundo. ◥

A VIDA É SONHO

Maurílio puxa o portão do pátio da fábrica e sai.

Sai de cabeça baixa, amassando e desamassando o boné entre as mãos, só pra disfarçar o riso de imensa satisfação que escapa de seu controle e teima em lhe ocupar o meio da cara, a cara toda. Também não quer dar bandeira de que está tão contente assim, sabe como é, depois o pessoal abusa...

Corre até à barraca do vendedor de pastel, do outro lado da rua, onde deixou guardada a bicicleta, salta sobre ela com o entusiasmo de quem montasse um potro de raça.

Graças à bicicleta, pegou o emprego:

— Foi o último, pra derradeira vaga! Se não fosse ela eu não chegava a tempo, vim pedalando como um raio assim que correu a notícia de que havia vagas.

Maurílio não quer parecer louco, mas não pode deixar de falar com sua bicicleta:

— Não, magrela, ninguém vai mais vender você, minha roxinha. Imagine, eu pensando que a vida era mesmo uma desgraça, ter que trocar você por comida que a gente engole e se acaba na hora, emprego não ia ter nunca mais... E hoje você me arranjando esse trabalho e agora nós dois vamos correndo, pegar aquele atalho pelo mato pra chegar logo e contar pra Sheila...

Desvia de uma moto que vem correndo, faz a curva pra pegar o atalho pelo mato e continua sonhando:

— Já pensou se eu tivesse que esperar ônibus, pagar passagem, dar a volta na cidade inteira pra chegar lá em casa de noite! E amanhã você me leva pro serviço, com minha carteira profissional donzela, pra tirar o cabaço dela!

Tem vontade de cantar:

— Como é que eu pude achar que a vida era tão ruim? É boa, boa, boa demais! Iuhuuuuu! Eita cabrita boa de cabriolar!

A bicicleta pula no ar, Maurílio solta as mãos e os pés, asas, descendo a ladeira de areia numa linha sinuosa, equilíbrio perfeito mantido só com o jogo do corpo. Exibe-se o mais que sabe, pra ninguém ver, só pra ele mesmo, pro céu, pro chão de areia, pro restinho de sol, para o mato dos lados do caminho, pras três lavandiscas na poça d'água ali adiante. A bicicleta, pra ele, é gente:

— Só mesmo você pra me conseguir um emprego bom daquele!

A bicicleta é sua melhor amiga:

— Você só me dá alegria, só coisa boa na vida, foi você que me deu até a Sheila, não foi? Eu sei que foi você que viu primeiro ela ali parada na beira do atalho, com a sandália arrebentada, e deu uma brecadinha para ela ter tempo de me pedir uma garupa. Foi, não foi? Isso é que é amor, não é, minha roxinha, nem ciúme não tem!

Enquanto se esforça para subir uma ladeira sem apear da bicicleta, ele vai lembrando:

— Parece que eu estava adivinhando quando vi você lá na loja, linda, roxinha, tão diferente das outras! Me deu uma coisa, fiquei só pensando em você. Todo o dia era aquela agonia até avistar a loja e saber que você ainda estava lá, ninguém tinha comprado.

Fim da ladeira, Maurílio aumenta a velocidade e grita pra bicicleta:

— E agora você é minha!, ou eu é que sou seu?... Iuhuuuuuuu!

Lá vai Maurílio, centauro, um corpo só, de alegria, carne, ossos e aço, empina as patas da frente, cabelos ao vento como farta crina, salta sobre as saliências do caminho, aterrissa na poça espalhando água pros lados, o sol rebrilhando nos respingos e nos aros cromados.

Até que se assusta:

— Opa, cuidado! Chegue pro canto que eu não quero confusão com carro da polícia. Estão procurando o que por aqui? Passa direto, não vamos nem olhar...

Sai perigosamente pra fora do caminho, mas consegue se equilibrar de novo:

— Pronto, nem diminuíram a marcha, parece que nem viram a gente. Polícia me deixa sempre nervoso, você sabe, desde aquele negócio da mala. Aquilo foi pesado demais, sabe?

Parece que a bicicleta entende e concorda.

— Já te contei, não foi? Como é que eu consegui comprar você com o dinheiro mais duro de ganhar da minha vida? O maior medo que eu já passei, e até agora, pensando naquilo, eu me tremo todo. Eu que sempre passei longe do Bitola e da galera dele, eu, hein! Aquilo lá não presta, é droga, é assalto, é tudo o que há de ruim, e eu não quero nada com uma gente assim. Eu me guardo dessas coisas, que eu quero é ter o coração em paz, mas pra qualquer um pode chegar uma hora como aquela, eles me cercando, a galera toda junto, eu sentindo o cano das armas nas minhas costelas... e dali só se escapa pra morte.

Morrer Maurílio não queria, não, que era novo demais, e, depois, o desespero de mãe se ele morresse!

Sente um arrepio de novo e continua:

— Já pensou que situação? Daí o Bitola falou: *Olhaí, carinha, tu deu sorte hoje, tu ganhou 300, olhaí, um, dois, três, trezentinho pra tu. Agora só tem que levar essa mala nesse endereço aí, ó.*

— Eu fiquei ali tremendo, sentindo o bafo dos caras no meu pescoço, cada vez mais perto, me apertando, eu vendo o vulto das armas no bolso deles, minha mão pegando a mala sem eu nem mandar, o Bitola dando as ordens pra minha mão, pras pernas, e eu indo que nem num sonho carregando aquela mala, com a vista toda atrapalhada.

— Nem sei como é que foi que cheguei no lugar certo da entrega, e depois eu não queria nem mais voltar lá pro Conjunto, não queria mais nada, só pensei em fugir, voltar pro interior, largar tudo lá, minha roupa, meu rádio...

Mas tudo isso é passado, e nesse passado há um lado bom de lembrar:

— De repente vi de novo você na minha frente e lembrei dos trezentos na mão do Bitola, minha vista clareou, me deu uma coragem e eu voltei lá e peguei o dinheiro. Ele deu pensando em me deixar cativo. Daí você já sabe como foi. Lembra que eu fui buscar você na hora?

A bicicleta salta como se dissesse sim.

— Minha vida mudou, e a gente nunca mais se separou desde que eu pedi as contas pro Seu Tico; de noite esvaziei o quarto do fundo do bar, amarrei meus troços na sua garupa e viemos embora para um canto bem longe do Bitola, lembra?

Maurílio tem certeza de que a bicicleta lembra de tudo:

— Então você achou a Sheila pra mim, e agora me arranjou o emprego, eita vida!, eita bichinha boa!

Lá vai Maurílio, um beijo no guidom da bicicleta, dispara em ziguezague, entra a toda velocidade na curva, vê-se de frente com a baita caminhonete importada, ocupando o caminho todo, dona do mundo. Desvia.

— Iuhuuuuu! Adrenalina pura! Foi por pouco, hein, roxinha? Um outro ali se estrepava, mas com a gente ninguém pode! Eu e você, você e eu e a Sheila!

Fica pensando na Sheila, na alegria dela quando souber do emprego que ele arrumou:

— E se a gente falasse com a Sheila pra casar? Vai dar, não vai? Se eu me der bem no emprego, você me levando e trazendo todo dia, eu troco o vale-transporte na bodega, mais o salário, mais o que a Sheila arranja de manicura... Eu mando botar um banquinho bem ajeitado na sua garupa pra Sheila, você aguenta? Você concorda?

No lusco-fusco do fim do dia nem deu pra ver acontecer. Maurílio só sentiu o tranco repentino, o voo inesperado, a queda de cabeça, a tonteira e a escuridão.

Depois, aos poucos, a vista se acostumando à vaga luz das estrelas, a estradinha vazia, um galo na testa, ninguém, nem bicicleta, nem nada, só uma longa vara de bambu largada na areia branca.

— Como é que eu fui pensar que a vida era tão maravilhosa assim? Você é besta, Maurílio, a vida é só a vida mesmo... mas você está vivo! ◢

Um caso muito estranho

Caso esquisito aqui teve demais, no tempo antigo, que contam, e ainda agora vez por outra acontece.

Mas o caso que eu conto mesmo, porque vi e ouvi tudinho, não foi ninguém que me contou, é o sucedido com Chico Quinta-Feira. Só quem viu tudo mesmo fui eu, por causa da hora em que aconteceu, e só porque naquele dia meu menino acordou cansado e chorando, eu me atrasei cuidando dele e fui tarde fazer a faxina da igreja.

Para mim isso foi coisa de Santa Luzia, que quis assim pra haver uma testemunha que livrasse os pobres de uma suspeita brava daquela.

É por isso que eu já contei esse caso pra mais de cem vezes e não me importo de contar de novo, tudo como aconteceu, sem pular nadinha.

Pois então eu conto que naquele dia fiquei até mais tarde limpando a igreja. Quando acabei de dar o lustro nos castiçais do altar-mor, que era só o que faltava fazer, e me virei pra sair pela porta da igreja, vi logo que eram 11 horas, certinho, porque Chico Quinta-Feira vinha vindo, naquele passinho miúdo dele, arrastando as chinelas, bem no meio da ponte, do outro lado da praça.

Isso era a coisa mais certa que havia nesta vila, posso dizer: qualquer um aqui podia acertar o relógio nas 11 horas, sem medo de erro, toda quinta-feira, quando Chico pisava na ponte, chegando da feira. E não foi por isso mesmo que botaram esse nome nele?

É que desde que Chico voltou do Rio de Janeiro, por causa de uma confusão que houve lá com ele, em razão de uma bebedeira, trazendo aquela beleza toda de Risoleta, ficava longe de aguardente a semana todinha. Mas quando era dia de quarta, dia da feira, ele subia na carroceria do primeiro caminhão que saía de madrugada pra feira, lá se abancava numa barraquinha daquelas de junto do mercado e toca a beber, beber, beber até cair. Só chegava aqui de volta na quinta-feira, às 11 horas em ponto, bem em tempo de almoçar com a família, já bonzinho.

O povo se admirava de um homem ser tão respeitoso que até no jeito de beber não incomodava ninguém.

E foi assim mesmo que aconteceu naquele dia, parecia... a praça vazia no sol quente, o povo já todo metido em casa pra comer e descansar e Chico Quinta-Feira chegando. Vinha de roupa nova, calça e camisa azul bem forte que até doía o olho, tudo certo, tudo normal.

Fechei a porta da igreja, desci a escadaria e fui andando depressa, que eu moro na rua de baixo. Chico vinha subindo, que ele morava logo ali na rua de cima. Vi que ia cruzar com ele bem no meio da praça e pensei:

"Só digo 'bom dia, Chico' e nem paro pra conversar, que lá em casa estão me esperando pra botar o almoço."

Quem podia imaginar...

Quando ouvi a zoada do motor do lado da serra pensei que fosse avião pequeno daqueles que descem na fazenda de Tininho. Pensei:

"Vai ver hoje tem churrasco político lá."

Mas o barulho veio vindo mais perto, olhei para o lado da serra e foi então que vi a moto vermelha descendo pelo pasto de Antenor, sumindo por trás da velha casa de farinha, logo aparecendo do outro lado e entrando numa carreira danada aqui na praça.

Não deu tempo nem de pensar o que era aquilo e a moto veio feito doida esbarrar quase em cima de Chico, levantando a frente feito potro bravo.

Eu já estava bem junto dele, tomei um susto tão grande que ia gritar quando o homem que vinha nela saltou pra o chão, com uma arma desse tamanho na mão, pronto para atirar. Meu grito nem saiu mais, ficou ali pegado na goela e nem pude correr, porque as pernas viraram dois pedaços de pau morto.

Fiquei ali assim, mortinha de medo, durinha feito a mulher de Lot que virou estátua de sal, agarrada com aquele monte de toalha de altar e os panos todos da igreja que estava levando pra lavar, sem conseguir nem piscar, mas escutando e vendo tudinho, com tanta claridade que ainda hoje posso ver como se estivesse acontecendo agora.

Ouvi muito bem o pistoleiro falando para Chico:

— Chegou a sua hora, reze que vim lhe matar.

E ouvi bem Chico Quinta-Feira respondendo:

— Está certo, eu já estava esperando.

Chico juntou as mãos, olhou para o céu e ficou ali esperando o tiro.

Foi o tempo de uma ave-maria, eu acho, mas na minha mente se passou o tempo de uma vida inteira, a de Chico Quinta-feira, eu querendo entender que diabo de coisa era aquela acontecendo ali. Eu me perguntava:

"Por que Chico diz que está tudo certo, esse crime? Por que alguém havia de querer matar Chico? Logo esse homem que é mais doce que mel de engenho?"

Porque assim é que ele era. Se não fosse pelos nove filhos que tinha, tudo macho, a gente até havia de duvidar dele ser homem, porque Chico era manso como uma moça, a criatura mais carinhosa que já se viu, que nunca, no tempo todo que viveu aqui, nunca fez mal nenhum, nunca disse uma má palavra, nunca arengou nem mesmo com a mulher dele.

As mulheres todas até tinham um pouco de inveja de Risoleta ter um marido assim, tão fácil de se viver com ele.

A bondade de Chico era tanta que até os bichos sentiam. Qualquer galinha que adoecesse de gogo, aqui, era só mandar chamar Chico Quinta-feira que ele vinha, pegava a bichinha nos braços como criança, apertava no peito e ficava ali, um tempão, cantando umas coisas lá dele e alisando as penas da ave até ela levantar a cabeça, se sacudir, abrir as asas, saltar para o chão e sair cacarejando e ciscando, curada de todo.

Do mesmo jeitinho ele tratava criança doente, que aqui quase não morria criança de braço, só mesmo se fosse numa quarta-feira que Chico estivesse para a banda do mercado. Tininho até se aproveitava, na campanha eleitoral, para dizer que o governo dele tinha acabado com a mortalidade infantil em nossa redondeza.

Fiquei assim muito espantada, pensando:

— Será que tinha alguma coisa na vida de Chico para explicar que estivesse jurado de morte?

Mas não achava nada, só bondade. Só se fosse alguma coisa que aconteceu nos tempos que ele passou no Rio de Janeiro quando era rapaz novinho. Mas isso já tinha pra mais de trinta anos, o matador era homem novo, não podia ser. E, deveras, Chico estava ali, era fato, rezando pra morrer, sem protestar de jeito nenhum e dizendo que estava certo, que era mesmo a hora.

O estalo dos três tiros no meio do peito, Chico avoando nos ares pra vir bater morto bem nos meus pés, o sangue espirrando nas toalhas do altar, tudo isso eu vejo se passando bem devagarinho na frente de meus olhos pra ir se acabar naquele corpo morto vestido de azul vivo, no meio da mancha encarnada se esparramando pela praça.

Até hoje tenho desgosto quando vejo pastoril, que só me lembra o azul e o encarnado daquela morte sem jeito de Chico Quinta-Feira.

Mas daí eu acordei da leseira que me deu e gritei. Nunca gritei tanto assim na minha vida! Já vinha gente correndo para a praça quando o pistoleiro trepou na moto, deu a partida e correu de volta para a serra gritando:

— Podem ir dizer à polícia que Sete Vidas veio matar Raimundo Balbino.

Foi isso mesmo, assim mesmo que ele disse, isso eu juro pela vida de minha mãe:

— Sete Vidas veio matar Raimundo Balbino.

Oxente, então não é estranho esse caso? Todo o mundo na vila ficou chocado, sem entender nada, dizendo:

– Pois se Raimundo Balbino, que qualquer um conhecia aqui na vila, que nunca saiu daqui para lugar nenhum, já morreu faz pra mais de três anos, de um caroço que lhe deu no espinhaço?!

– E não foi? Raimundo Balbino morreu na rede pendurada na sala da frente, vela na mão, de porta e janela aberta pra mor de todo o mundo ver como deve morrer um cristão!

– Pobre de Chico, morreu por engano!

– Mas então por que foi que ele nem protestou?

– Mistério! Isso é que é mistério de fato, e ele não ficou pra explicar!

Foi todo mundo para o velório, querendo entender alguma coisa. Mas era tudo muito estranho mesmo, sem explicação. E, pra completar o mistério, Risoleta nem gritou de desespero, nem se agarrou com a tampa do caixão de Chico pra não deixar fechar, ficou só ali parada e calada a noite toda, olhando pro marido, quase que sorrindo, mas com uma lágrima solteira escorrendo bem devagarinho pela cara, cada vez que o velho doido Antero dizia:

— O matador pode errar e erra, mas a morte está sempre certa. ◣

A FELICIDADE É UMA ARTE

É o que eu digo: quem nasceu pra ser feliz sempre dá um jeito.

Veja o caso do Gaguinho, um mineiro moreno, forte, que trabalhava na SUCAM; o nome dele mesmo é Eustáquio Salgado, mas todo o mundo conhece por Gaguinho. Você com certeza já ouviu falar, porque ele foi famoso aqui nesse morro.

Esse aí tem a arte de ser feliz, que, eu digo a você, isso é uma arte. Quem não tem, não tem. Uns tem muita, a maioria média, e há gente que não tem nenhuma, pode ter o que for de bom, vive naquela malinconia.

Já o Gaguinho não, a bem dizer não tinha quase nada: um empreguinho da SUCAM, desse de andar o dia inteiro na rua, no sol quente ou na chuva, carregando bomba de matar mosquito, veneno de rato, a mulher ganhando uns trocados de manicura no morro mesmo, quatro filhos pra criar com um doente de asma que é um castigo.

Ele me contou:

— Desde os 13 ou 14 anos, lá em Minas, onde eu nasci e cresci, já sabia o que queria na vida: ver o mar e trabalhar na SUCAM.

Esse negócio de mar parece que é uma saudade que todo mineiro tem desde que nasce, e a SUCAM, que hoje tem outro nome, ele explicava:

— Eu achava bonito a farda amarela, o sujeito visitando as casas do povo, conversa daqui, toma um cafezinho ali, foge do cachorro acolá, conhece todo mundo, sei lá, eu gostava daquilo.

O Gaguinho contava:

— Fui para a escola até a quarta série do ginásio, vendi muito picolé, lavei muito carro, ajudei em muita construção e fui juntando um dinheirinho pra viagem, até chegar a hora.

Escapou de servir no exército:

— Fui dispensado pela gagueira. No dia de receber a carteira de reservista, já levei a mochila pronta, corri de lá direto pra rodoviária e em dois dias já estava aqui no Rio de Janeiro, vendo o mar.

— Eta, marzão danado!, era o que ele vivia dizendo.

Era por isso que ele nem se importava do sacrifício que foi pra se estabelecer aqui no Rio. Ele mesmo contava, rindo:

— Embolei por aí uns dois anos, descarreguei muito caminhão, morando em pensão de dez vagas por quarto, trabalhei em construção, cascavilhei, batalhei, e não é que acabei passando no concurso da SUCAM?

Foi nesse tempo que ele encontrou a Rita de Cássia, filha do Seu Pastinha, daquela vendinha pintada de amarelo ali embaixo. Casou em dois tempos.

A Rita queria morar aqui no morro, junto da família. Terreno pra mais um barraco só tinha lá no topo, um sacrifício danado pra subir que ninguém queria, e dinheiro pra mais que isso não tinha. O Gago achou isso uma sorte:

— Vou ver mais mar do que qualquer morador desse Rio de Janeiro!

Todo contente! Logo que pôde, inventou de fazer uma varanda no barraco, de frente pro mar. Aquilo ficava assim suspenso, uma beleza, um luxo!

Já fazia bem uns meses que a varanda estava pronta, mas quando sobrou um dinheirinho, ele achou de fazer uma festa de inauguração, com cerveja, churrasquinho, uma turma de sambistas pra alegrar, tudo que se precisa pra fazer uma festa.

Na hora em que os sambistas pararam de tocar para tomar a deles e provar do tira-gosto, o Gaguinho, morto de contente, já com umas tantas cervejas liquidadas, não quis que faltasse distração pros convidados. Ficou em pé no meio da roda e começou a contar casos das aventuras dele e de outros funcionários da SUCAM andando pelas casas do povo.

A gente ria e aplaudia, e ele foi se animando, começou a contar as conversas mudando de voz e de lugar conforme fosse a pessoa que falava. Pulava pra cá, pulava pra lá, falava com voz fina, com voz grossa, se requebrava, fazia que chorava.

O melhor de tudo era que a gagueira dele aí não atrapalhava: quando se fazia de outra pessoa, o Gaguinho não gaguejava!

O povo pedindo mais, ele foi enfiando uma história atrás da outra, complicando mais a coisa, deixando de banda o verdadeiro acontecido e se metendo por um atalho daqui, outro dali, inventando uma história sem fim, melhor do que novela de televisão e que as dos cantadores de embolada lá da minha terra. O que ele contava era de se rir muito, mas também, lá pra tantas, botou a mulherada toda pra chorar, a começar pela sogra dele.

O sucesso foi tão grande que no dia seguinte, domingo, só se falava das histórias de Gaguinho por esse morro todo. De tardezinha, juntou-se em frente à varanda dele um bocado de gente que não tinha ido à festa mas queria ouvir as histórias.

Pronto: aquilo virou costume, e todo sábado se juntava uma ruma de gente no terreirinho em frente do barraco lá do alto, cada um com seu tamborete ou um caixote pra se sentar. Com aquela vista maravilhosa pro mar, lá embaixo! Aquilo é que era um luxo!

Gaguinho desatava a papagaiada dele por mais de duas horas e nem assim cansava o povo, só parava porque se cansava ele mesmo.

Nosso artista nem se importava mais de fazer de conta que era caso acontecido mesmo, já contava o que lhe vinha na cabeça, mesmo que fosse difícil de acreditar. E era disso mesmo que o povo gostava:

— Quanto mais difícil de acreditar, melhor!

De primeiro, ele fazia tudo sozinho, pulando daqui pra lá, uma hora homem, outra hora mulher, até cachorro e gato ele representava, e tudo sem gaguejar.

Quando acabava a brincadeira, ele arriava, suado e descabelado, nos degraus da varanda, e desatava a gagueira de novo. Ninguém sabia a explicação daquilo, mas era assim mesmo.

Quando foi um dia, bem no meio da brincadeira, Gaguinho já ia se preparando pra virar mulher e responder àquilo que ele mesmo tinha acabado de dizer como sendo o marido da mulher, a Dalva da Conceição, que não faltava nenhum sábado, subiu correndo pra a varanda. Gaguinho parou meio assustado. Daí a Dalva botou as mãos na cintura, empinou o peito pra a frente e respondeu no lugar dele, dando um outro rumo pra a história.

Gaguinho não se zangou nem se atrapalhou e a brincadeira continuou assim, agora de dois, cada um puxando a história pro seu lado e o povo torcendo, ora por um, ora por outro, gritando, rindo e chorando conforme o enredo.

A coisa assim foi crescendo, depois da Dalva entrou o Evair, depois o Carrapeta, a Mercês e muitos outros. Pra coisa correr direita e não acabar em confusão, eles começaram a combinar antes por onde é que ia o enredo, que já saía quase pronto da cabeça de Gaguinho, cheio de manigâncias.

Cada um inventava sua fala e sua micagem, mas tinha que ser no prumo da história combinada. A fama do teatro do Gaguinho correu, e cada sábado era mais gente que lotava o terreiro. Tinha de se repetir a história no domingo. Algumas agradavam mais que as outras:

— Hoje apresenta aquela da mulher que ia se casando com o próprio filho sem saber...

— Conta aquela do homem que atirou na mulher dele pensando que era a mula-sem-cabeça.

E essa, e aquela... Gaguinho contava, cada vez de um jeito. A gente ia pra lá e se esquecia da vida. Se pudesse, ficava a noite inteira assistindo.

Havia ali um galpão velho que pertencia à viúva de Seu Baltazar Fogueteiro, e ela ofereceu pra alugar e fazer um teatro. Gaguinho e todo o pessoal se animaram.

O povo aceitou, pagava a entrada com gosto, do jeito que pudesse, com dinheiro, passe, cartão de telefone usado pela metade e até pilha meio usada, que depois o Carrapeta, que é camelô, vendia e trazia o dinheiro para inteirar o aluguel.

Pintaram o galpão todo de azul com uma placa: *Teatro do Céu*.

A assistência continuou crescendo, até o pessoal da pesada daqui da favela gostava e liberava a passagem pro povo daquele outro morro, ali em frente, também poder vir ao teatro. A gente comentava:

— Parece que o nome deu sorte!

O Gaguinho, feliz que só com a Rita de Cássia, os meninos, o emprego da SUCAM, o teatro e a vista pro mar, não pedia mais nada a Deus. Mas é como o povo diz:

— Felicidade é coisa de muita delicadeza, que num sol forte demais murcha, tem que se proteger do olho-de-secar-pimenteira, tem que cuidar pra ninguém pisar nela.

Pois o sol começou a bater forte demais em cima do teatro do Gaguinho. Um dia apareceu no Teatro do Céu um sujeito desconhecido, todo bacana, se via que era gente fina: todo branquinho, a cabeça raspada sem um fio de cabelo, brinco na orelha, calça preta brilhosa, uma camiseta bem arrochadinha.

O visitante achou muito barata a entrada, deixou uma nota de dez e não quis o troco, sentou-se lá na frente, no tamborete que Josélio ofereceu. Assistiu a tudo e continuou em pé batendo palma depois que todo o mundo já tinha parado. Subiu logo para o estrado, apresentou-se:

— Meus amigos, eu sou artista como vocês e também sou jornalista. Gaguinho, você é ma-ra-vi-lhoso, e eu quero que você me dê uma entrevista.

O Gaguinho, já sendo ele mesmo de novo, gaguejou:

— Pppppppois não, pppppppode pppperguntar.

O cara quis saber um negócio mais ou menos assim, eu digo, que minha memória é como um gravador de fita:

— Quais são as perspectivas do seu trabalho frente às contradições entre os interesses populares e o contexto social capitalista?

Gaguinho embatucou um pouco, custou pra arrancar, mas começou a explicar:

— Matar mosquito e rato é coisa de maior interesse pro povo, porque senão se espalha tudo o que é doença capitalista e outras, que também só pegam em pobre.

Ia indo, devagar, gaguejando tudo o que tinha aprendido nos treinamentos da SUCAM. O jornalista começou a rir e interrompeu:

— Não estou falando da SUCAM, estou querendo saber é do seu trabalho no teatro.

— Trtrtrtrabalho?! Isso aqui não é trabalho, não, é bbbrincadeira!

O fulano ficou insistindo, falando um bocado de coisa, deixando o Gaguinho cada vez mais nervoso e gago, e só se foi embora tarde da noite, prometendo voltar.

Voltou mesmo, no outro sábado, com um bocado de amigos dele. Sentaram todos lá na frente, sem cerimônia, nos tamboretes que o pessoal daqui já tinha deixado pra marcar lugar, desalojando muita gente que ficou sem jeito de reclamar.

Vinha cada vez mais gente toda semana, enchendo o galpãozinho e deixando o povo daqui sem graça, pro lado de fora, só aproveitando para alugar os tamboretes e faturar algum. Vinha empresa de turismo, reservava todos os lugares, pagando o dobro para garantir.

Depois do espetáculo, compravam toda a cerveja da venda de Seu Pastinha e ficavam por aí até de madrugada, com as perguntas e as conversas deles. Até que a gente não aguentava mais e, mesmo sem querer fazer desfeita, ia saindo quieto para ir dormir, que todo mundo trabalha duro.

O pior de tudo, pro Gaguinho, era ver aquele pessoal todo rindo na hora que era pra chorar, e parado lá, com cara de besta, na hora que a história era de morrer de rir, tirando toda a graça da coisa, fazendo ele perder o rebolado, ir ficando decepcionado.

Até que chegou o dia em que aquilo encheu de vez a paciência do Gago, ele arrancou a placa, passou o cadeado no galpão e disse:

— Acabou-se a brincadeira, perdi a inspiração.

O povo do morro nem reclamou da falta do teatro, comentando:

— Já fazia era tempo que aqui ninguém mais assistia àquilo porque não conseguia lugar e ficava com vergonha de se meter no meio daquela gente.

Havia outra coisa que a gente sentia mais e dizia:

— O que dá tristeza em todo o mundo é ver o Gaguinho subindo o morro, assim cansado, triste, sorumbático.

Um dia, quando a gente deu fé, o Gaguinho sumiu com a família, deixou o barraco vazio, a varanda deserta, com uma placa:

Vende-se. Tratar na vendinha amarela.

Nós nos conformamos e quase esquecemos a história toda, porque alegria de pobre é assim mesmo, dura pouco.

Ah!, mas eu não disse que quem tem vocação pra ser feliz teima, teima e consegue? Pois ainda outro dia me encontrei com o Gago, que veio trazer a mulher e os filhos para visitar o avô. Foi uma alegria, conversou que só! E me contou:

— Fiquei tão desinfeliz aqui que procurei outra cidade com favela em morro com vista para o mar. Descobri Vitória do Espírito Santo e pedi transferência na SUCAM. Ajeitei um galpãozinho lá em cima, comecei tudo de novo e mudei o nome pra *Teatro do Mar*, pra despistar os chatos. ◣

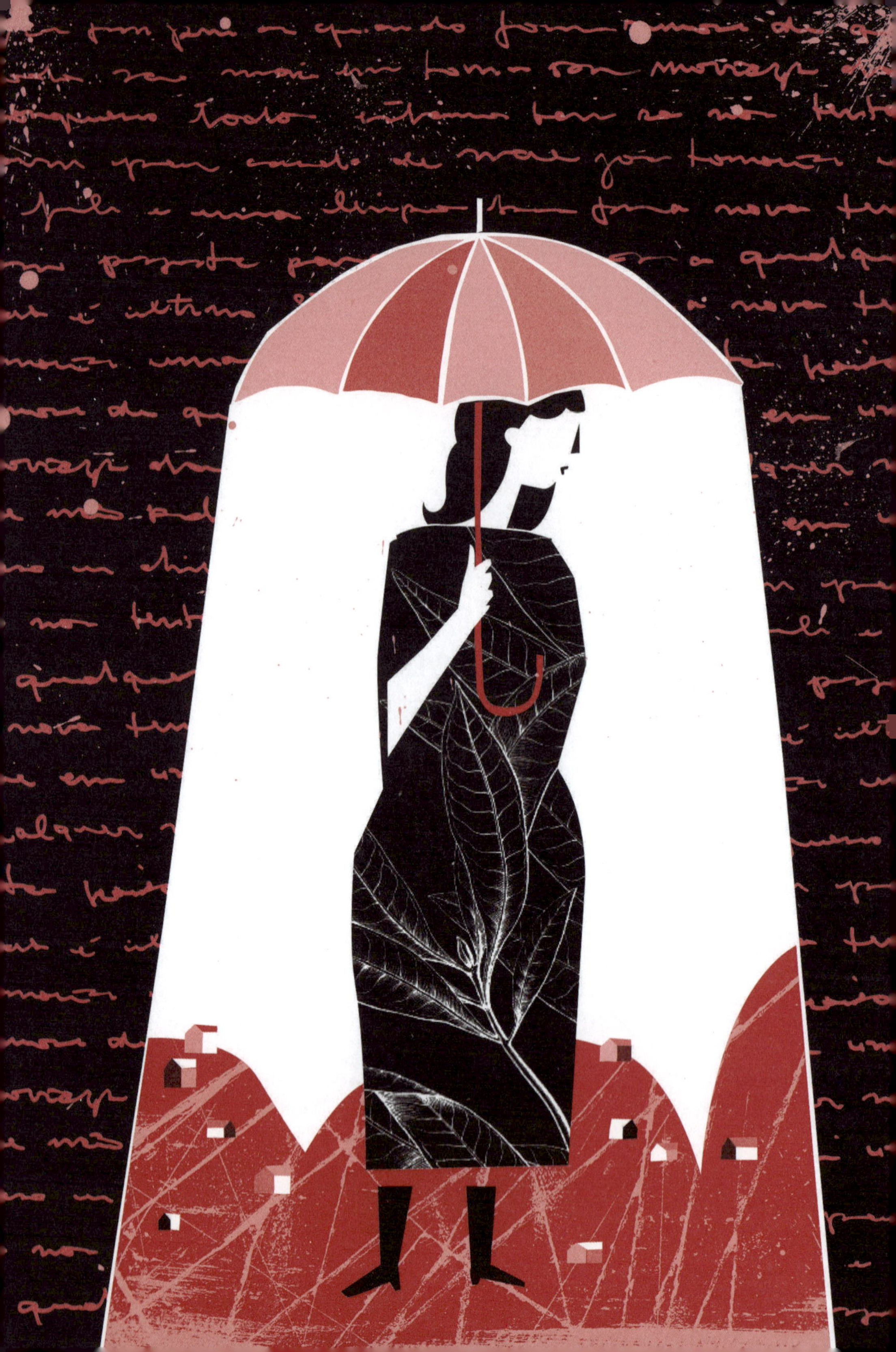

O dilema de Zefinha

Assim que pôs os pés na praça Mauá, onde ficava a rodoviária, carregada de meninos e trouxas, Zefinha Lima detestou o Rio de Janeiro como havia de detestá-lo por mais de 20 anos. Vinha a chamado do marido, que já tinha arrumado emprego numa construção, um barraco numa favela e não aguentava a solidão.

— Não tinha mesmo outro jeito, pensou.

Como tantos outros, tinham de deixar o sítio, o Ceará, buscar socorro no Rio de Janeiro, desde que Otávio Melo tinha tomado conta das coisas em Farinhada.

Quando o velho Elpídio Melo morreu e Otávio voltou de Fortaleza pra tomar posse das terras, foi aquela desgraceira: botou quase todos os agricultores pra fora, só queria mandar plantar capim e criar gado. Deu, quando muito, a passagem pro Rio de Janeiro pros que eram compadres de seu pai.

Foram 20 anos sem voltar ao Ceará. Os meninos cresceram, tornaram-se cariocas, arranjaram serviço.

Quando o marido caiu do 6º andar da construção, Zefinha quis morrer também. Já não pôde suportar mais o Rio de Janeiro. Esperou sair a indenização, entregou quase todo o dinheiro aos filhos e comprou a passagem pro Crato. Disse aos meninos:

— Vocês podem ficar, vocês são daqui. Eu não, nunca fui. Volto pro meu chão.

Quando chegou a Arajara, quase não reconheceu a mãe: tinha encolhido e enrugado como um maracujá. Zefinha cuidou da mãe com um zelo que queria compensar os 20 anos de ausência.

Quando a mãe morreu, Zefinha aceitou a oferta do vereador do distrito e foi ser professora no sítio Assombro. Sabia ler e escrever muito bem, tinha sido a melhor aluna de sua turma até o terceiro ano, quando saiu da escola pra trabalhar numa casa de família no Crato. O que aprendeu nunca mais esqueceu.

Aceitou o trabalho não pelo dinheiro, que não era quase nada, mas por pena da meninada, mais de 40, analfabetos de pai e mãe. Gostou de encontrar alguma coisa que lhe desse sentido aos dias.

Zefinha ajeitou-se bem no quarto que lhe deram, encostado no oitão da casa de Antônia Silva, agradou-se das crianças, do ofício de ensinar, da capelinha boa pra se puxar um terço na boca da noite ou pra se recitar um ofício de madrugada, do povo do Assombro e do ar mais fresco do alto da serra.

Só vinha a Arajara vez por outra, no domingo, pra assistir à missa e visitar os parentes. Estava, enfim, em paz. Suas várias saudades, um candeeiro a querosene e um gato lhe faziam companhia nos serões silenciosos do sítio.

Já no segundo dia de aulas no sítio Assombro, Zefinha logo cedo viu Ana Batista chegando à porta da escolinha com uma carta na mão:

— Será que a professora Zefinha pode ler pra mim?

Zefinha abriu, leu em silêncio, viu a expressão de alegre expectativa na cara da outra mulher:

— É de Dorinha, professora? Está boa? É pra me dizer que vem passar o São João? Já faz tanto tempo...

Zefa passou os olhos na carta, em silêncio, e sentiu em seu coração a dor da outra mãe, porque a carta dizia:

Mãe, só estou mandando esta carta porque meu coração não aguenta mais. É muito sofrimento o que eu estou passando. Foi por causa daquele rapaz que eu namorava e pensava que ia casar.

Ele me engravidou, mãe, e depois não quis mais nada comigo, disse que o filho não era dele e que eu era uma rapariga que andava com qualquer um. A barriga já estava aparecendo e a patroa me mandou embora.

Fiquei louca, mãe, dei minha roupa e o rádio-gravador pra a empregada da vizinha, fui na bodega lá perto e tomei uma garrafa de água sanitária. Passei mal na rua e me levaram pro pronto socorro. Sofri demais, mãe, por pouco não morria. Passei sete dias só no soro.

O doutor diz que eu não vou mais falar direito por causa da queimadura na garganta. A criança eu perdi.

Ainda estou internada e quem está escrevendo esta carta é uma mulher que vem aqui visitar os doentes e fala muito comigo. O que eu vou fazer da minha vida, mãe?...

Zefinha não teve coragem de ler aquilo pra Ana Batista. Ficou morta de pena dela. A mentira veio imediata, fácil, necessária:

— Está boa sim, Dona Ana, e diz o seguinte:

Mãe, me dê a bênção. Estou lhe mandando esta carta porque o meu coração está cheio de saudade. Comigo vai tudo bem, mãe, que aqui em São Paulo tem muito mais condição da gente melhorar.

Comecei a namorar um rapaz, mas terminei porque achei que ele não era sincero comigo. Não se preocupe, mãe, que eu só vou namorar rapaz sério e respeitador.

Olhe, minha mãe, vou mudar de emprego pra uma casa que a empregada da vizinha arrumou pra mim e que paga mais. Por isso não posso ir pro São João e porque ainda estou pagando a prestação do rádio-gravador. Mas no ano que vem eu vou de certeza, mãe...

Ana Batista alegrou-se:

— Que bom, Dona Zefinha, no ano que vem ela chega! Amanhã eu venho pra respostar, se a senhora puder...

A vizinha dobrou a carta, meteu-a no decote do vestido e foi-se com passo ligeiro espalhar as boas notícias.

Naquela noite, a professora custou a dormir. Revirava-se na rede, aperreada pela mentira. Nunca fora de mentir nem pra ajeitar situações incômodas. Mas, naquele caso, fizera sem pensar, a compaixão pela outra mãe tinha tomado conta dela. Perguntava a si mesma:

— Seria pecado mentir, mesmo assim? Mentir por bem não está certo? Se não fosse certo, por que esse sentimento bom misturado com o aperreio pela mentira?

Zefinha se virou de novo na rede, pensando:

— O que Ana Batista podia fazer diante da desgraça da filha senão sofrer e sofrer, tão pobre que é?

Debateu-se com a dúvida até que os galos começaram a cantar. Então soube que não podia mais voltar atrás e que no dia seguinte escreveria uma bela carta consoladora pra São Paulo, assinada:

Sua saudosa mãe, Ana Batista.

Pediu perdão a Deus pelas mentiras, por via das dúvidas, e adormeceu.

Desde então, Zefinha Lima tornou-se a guardiã da alegria tranquila do sítio Assombro. Nunca mais emprestaria sua voz pra uma notícia ruim. Quando as cartas eram boas, lia ou escrevia com a maior fidelidade, sem tirar uma palavra.

Não mentia à toa, pelo gosto de mentir. Continuava a ser uma mulher verdadeira, mas a verdade maior era que aquele povo precisava viver.

— O que é que eles podem fazer diante das desgraças já acontecidas, tão longe?

Já bastava o peso cotidiano das duras tarefas do roçado e da casa, do sol quente e dos mosquitos, das mordidas de cobra e do medo das violências de Otávio Melo, que explorava todos até arrancar o couro, do esforço sem descanso pra sobreviver na pobreza. Bastavam as desgraças, doenças, mortes e malfeitorias que aconteciam ali mesmo, aos olhos de todos, que Zefinha não podia mudar.

Para a professora do sítio Assombro, impedir que as más notícias andassem daqui pra lá e de lá pra cá, espalhando tristeza e agonia, tornou-se uma missão. Quando era impossível esconder de todo um fato triste, pelo menos retirava-lhe a violência.

Quando o filho de Francisco Bento escreveu que o irmão tinha se desencaminhado, metendo-se com os bandidos da droga, e ia acabar morto de tiro como todos os outros, Zefinha leu:

Meu irmão arranjou um emprego meio perigoso, mas que paga muito bem; logo que puder vai mandar algum dinheiro pra casa.

Quando a filha de Olindina escreveu que tinha sido atropelada no ponto do ônibus e ia ficar com uma perna aleijada, Zefa descreveu um belo passeio que a moça teria feito à ilha de Paquetá:

O único problema foi uma queda da bicicleta que aluguei lá e a perna machucada.

A bala perdida que arrancou uma vista de Cicinho transformou-se num argueiro que lhe infeccionara o olho, mas já estava se tratando e ia ficar bom.

Quando o filho de Severina Araújo morreu assaltado num dia de pagamento, a cabeça estourada por três balas dum-dum, por arte de Zefa Lima:

... entregou a alma a Deus com muita paz, extrema unção, vela e tudo, num leito de hospital, cercado pelos parentes e mandando dizer à mãe que ia pro céu zelar por ela.

As respostas que Zefinha escrevia em nome dos vizinhos levavam a imagem de um sítio Assombro que enchia os destinatários de uma saudade boa e consolava-os da tristeza da vida anônima e solitária na cidade grande. Tinham um lugar livre de desgraças inesperadas pra onde podiam voltar um dia.

Zefinha nunca mais teve remorsos pelas mentiras que inventava. As boas notícias brotavam-lhe fáceis e convincentes, na ponta da língua.

À noite, na rede, imaginava as respostas que escreveria às cartas recebidas e sentia-se contente. Bastava-lhe ver e desfrutar a paz tranquila do sítio e as expressões de contentamento que provocava quando lia cartas.

Era bom fazer um mundo melhor, e aos poucos passou a viver como se o que inventava fosse a verdade, como se as notícias ruins é que fossem invenções de alguma alma maldosa que se apossara do correio. Já não se sentia mentindo, apenas interpretando a verdade que se escondia por detrás de palavras desencontradas.

No dia em que Manoel Vicente voltou cedo da feira do Crato trazendo carta do Rio de Janeiro endereçada a ela mesma, Zefinha Lima alegrou-se. Enxugou as mãos na barra da saia, abriu depressa o envelope e leu.

Com as lágrimas enevoando a vista e uma mão invisível apertando-lhe a garganta implorou ao céu que alguém lhe fizesse a caridade de mentir. Que alguém mudasse as notícias tristes por uma notícia boa. Mas no sítio Assombro ninguém mais sabia ler nem mentir com arte. ◣

NEM BANDIDO NEM HERÓI

O repórter que me desculpe a franqueza. Que o Parafuso morreu, é verdade. Eu vi. Que a mulher gorda se salvou, também é verdade. Eu vi. Mas que Parafuso foi um herói, como li no jornal e ouvi na televisão, isso não pode ser verdade de jeito nenhum.

Posso dizer com certeza, porque se alguém foi mesmo amigo dele, amigo de fé, fui eu. Fui o melhor amigo do Parafuso. Fui mesmo o único que ele teve.

Só eu é que sei o que havia lá dentro do coração daquele pobre. Sei o que havia de bom, que era muito. Mas também sei o que havia de ruim: era o medo, meu irmão, o pavor danado que ele tinha de morrer.

Parafuso morria de medo porque um besta qualquer disse a ele, quando ele ainda era menino pequeno:

— Essa tua cara tão feia é cara de condenado, pra uma pessoa feia assim só tem lugar no inferno.

Disseram de pura maldade, mas o inocente acreditou, ficou com aquilo na cabeça pra sempre, e esse medo fazia ele toda hora dar meia-volta-volver na vida.

Por isso digo e repito:

— Isso aí não é verdade, não. Marginal, nunca foi. Foi é desprezado, saco de pancada da polícia e dos valentões, o cristo das moças bonitas que ele adorava e se serviam dele pra gato e sapato. Riam dele, mangavam.

Ele era bom como pão, manso e com um gosto de ajudar, de agradar fosse quem fosse, assim como quem estivesse pedindo desculpas por existir. Mas a ponto de arriscar a vida? Que nada!

Eu sempre disse:

— Tudo o que aconteceu com ele foi porque nasceu assim, feio que só! Ou então foi logo depois de nascer que pegou qualquer mau jeito. Feio e pobre, claro!

Claro, o problema era grande porque ele era pobre. Já vi muitos "reportes" e médicos na televisão dizendo:

— Hoje em dia rico só fica feio se gostar, porque pra tudo hoje tem peça de reposição, fazem operação, ajeita-se.

Pro Parafuso não havia esperança: feio e pobre... Ele bem que se revoltava:

— Mas quem tem culpa de uma coisa dessas? Merecia viver como toda a gente, com igual dose de sorte ou de azar.

Havia gente que queria consolá-lo, mas acabava piorando a situação, dizendo coisas assim:

— Beleza, feiúra, ninguém escolhe, mas, nesse mundo de aparência e vaidade, saiu feio, tem que purgar.

Desde que Parafuso era muito pequeno, no quartinho do seu peito abrigava um amor vadio que não achava paradeiro. Bem que ele tentava lhe arranjar alojamento em outro peito.

Oferecia seu carinho à mãe, mas ela estava sempre cansada e aflita demais pra apreciar. Fazia tudo pra agradar aquela irmã que só pensava no ráper do barraco da frente, não lhe dava nenhuma atenção.

Parafuso, amoroso como era, sem nenhuma exigência, tentou dar carinho a todas as garotas enjeitadas das redondezas, mas nem elas se interessaram. Pra dizer a verdade, as minas fugiam dele como o diabo da cruz, ou como as cruzes fugiam do diabo e diziam:

– Com aquela cara, Deus me livre!

Compreendia-se, ele era feio mesmo. O próprio Parafuso acabou por dar razão a elas. O problema era que, pra apresentar seu amor, não tinha outro equipamento. Só mesmo aquele corpo que lhe deu a natureza, ajudada caprichosamente pelo azar.

O tropeço não estava só na cara. A cara até que era o de menos, vista de uma certa distância dava pra passar por normal. Nem tão mau era o desnível das vistas, que ainda tinha modo de disfarçar inclinando a cabeça para um lado ou para o outro. Não. O pior era tudo: o corpo humano, cabeça, tronco e membros, como na primeira lição do livrinho de ciências naturais. O diabo era o arranjo geral do corpo dele.

De pequeno ganhou apelido de Tição, depois Beiçola, Zarolho, como muita gente. Mas isso era mais etiqueta de estoque do que apelido próprio. O nome dele mesmo era esse que está aí no jornal: Carlos Henrique, nome de lorde. Mas aqui ninguém sabia.

Era Tição ou Zarolho mesmo, até que o dono da bola das peladas daquela área negou ao meu amigo um lugar no time e disse:

— Aquilo ali não é gente, é um parafuso.

O pior é que era mesmo. Depois que o cara disse aquilo, a gente não podia deixar de ver e concordar:

— Um parafuso, certinho. Todo enroscado.

O dono da bola cismou com ele, proibiu de jogar. Disse que aquele jeito dele olhar pra um lado, correr pra outro e chutar pra um terceiro é verdade que atrapalhava os adversários, mas atrapalhava mais ainda o esquema de jogo dele. O dono da bola queria ser técnico.

Aquele corpo torto parece que era um aviso sobre o destino dele. Foi mesmo assim que o Parafuso foi parar na cadeia: a vista mirando pra uma direção e os pés carregando ele pra outra.

Por se conformar com a feiura e acreditar que um sujeito demais de feio já está condenado, ele podia mesmo ter dado pra bandido. Mas com aquele baita medo de morrer e um coração mole do jeito que era, ele nunca ia se meter em coisa perigosa por seu próprio querer.

Ele nem era capaz de sentir raiva séria de ninguém. Raiva nele não durava nada. Ele até aceitava qualquer abuso dos outros, porque achava que tudo aquilo era pouco, perto da ameaça de queimar no fogo do inferno pra sempre.

Pra melhorar a feiura dele, eu não podia fazer nada, mas bem que tentei tirar aquele medo horrível que ele tinha de ir para o inferno quando morresse.

Levei pra conversar com um padre. O padrezinho falava que nem um livro, a metade das palavras a gente não sabia o que era e ficou com vergonha de perguntar, e a outra metade vinha tão enrolada que também não servia para instruir ninguém..

Levei em centro espírita, mas Parafuso não acreditou de jeito nenhum quando o médium falou:

— Quando você morrer, não vai pro o inferno, não, só desencarna por uns tempos e nasce de novo num outro corpo, pode ser até mais bonito.

Depois fomos na umbanda, e quem não entendeu o assunto foi o pai de santo, que disse:

— Não tem problema porque inferno não existe e pronto.

Daí eu ainda tentei uma igreja crente que eu via pela televisão e que garantia todo tipo de salvação. Falei:

— Se não resolver o teu medo de ir pro inferno, pelo menos pode melhorar os negócios da gente. Dinheiro não traz felicidade, mas ninguém nega que ajuda bastante para a gente não viver nervoso.

Entramos no templo, veio logo o pastor nos atender. Expliquei o caso, e ele chamou quatro ajudantes bem parrudos que foram levando o Parafuso lá pra cima do estrado. De repente, o pastor gritou:

— Aleluia, irmãos, aleluia! Aqui está mais um possuído pelo demônio. Mas nós vamos tirar o demônio dele, Jesus vai libertar este nosso irmão endemoninhado! Aleluia!

Agarraram meu pobre amigo e esticaram ele no chão. O pastor começou a gritar, pra cima do Parafuso:

— Sai, demônio, sai do corpo desse irmão, sai, sai, demônio! Aleluia, irmãos. Sai, demônio! Pelos poderes de Jesus, sai demônio! Aleluia, aleluia!

E o povo todo, que enchia o templo, fazendo coro:

— Aleluia, aleluia!

Olhe: eu não posso explicar como foi que o neguinho, tão magro e fraco, conseguiu se soltar dali, pular de cima do estrado, atravessar pelo meio daquela gente toda que estava gritando, orando e querendo agarrar o coitado. Quando dei fé, ele já estava a três quadras dali e continuava a correr, apavorado.

Eu só desisti de vez dessa cura depois que gastei meu ganho na oficina, de um mês inteiro, pra levar Parafuso a Brasília, quando li a notícia de que o Frei Damião ia lá.

Minha mãe, que era cearense, dizia:

— Aquele frade é o santo do Nordeste, o próprio Padre Cícero reencarnado, faz qualquer milagre, até chover no sertão da minha terra ele faz.

Eu botei a maior fé. Pois comprei as passagens e fomos pra Brasília.

Chegamos lá e ficamos bestas com o prestígio do missionário: era gente demais! Todo mundo querendo ver o frade de perto, tocar com a mão no manto dele, querendo entregar na mão dele um envelope com dinheiro pra ver se assim garantia uma graça. Quase tudo pobre que nem nós. Pensei:

— Desta vez o caso do meu amigo se resolve.

Fui abrindo caminho na frente, que eu sou bem forte. O Parafuso, que era magrinho, vinha atrás.

Conseguimos chegar bem perto do frade. Não era fácil de entender a fala dele, que era arrevesada que só! Mas alguma coisa a gente compreendia.

Se a gente não entendesse nadinha mesmo, só recebesse a bênção dele, com a fé que a gente ia, penso que Parafuso podia ficar tranqüilo e sair dali com a alma aquietada. Mas o azar foi que as poucas palavras que nós compreendemos martelavam todas no mesmo prego. Frei Damião levantava o braço, apontava pro povo e depois pro chão e gritava:

— Quem for amancebado vai pro inferno! Quem dorme com rapariga vai pro inferno! Quem gosta de cachaça vai pro inferno! Quem passa a noite dançando e brincando vai pro inferno!

Pois, meu irmão, aquilo não prestou não. Parafuso começou a tremer e a suar frio, e eu lhe juro que ele ficou branco como um papel. De preto que era, ficou branquinho de tanto medo.

Mandei o Parafuso tapar as orelhas, saí empurrando como pude, e ele atrás de mim, tremendo. Só consegui acalmar Parafuso com umas três doses de cana. Aí ele parou de tremer, voltou à cor normal e desabou na poltrona do ônibus, dormindo como um anjo até São Paulo.

Depois de tudo isso, só podia acontecer o que aconteceu.

Pouco tempo depois, houve um crime pesado aí na entrada da favela. A polícia veio que veio! Mais de cem homens, pra procurar o culpado. Então o chefe do tráfico aqui neste pedaço só mandou um recado ao Parafuso, que nem era soldado dele, nem tinha nada que ver com nada:

— Tu vai lá e te entrega pra polícia, diz que matou o cara por causa de mulher e fecha o bico para sempre, senão tu morre hoje mesmo.

Você era doido para desobedecer a uma ordem dessas? Foi assim que o Parafuso foi parar na cadeia.

Por que escolheram logo o Parafuso? Ah, primeiro porque o homem implicava com ele porque, do jeito que era torto, parecia que estava sempre olhando de banda. Segundo, porque o homem sabia que, com aquele medo danado de morrer que ele tinha, era fácil, só bastava ameaçar de matar e ele nunca ia dizer nada pra ninguém.

Meu amigo se entregou, apanhou um bocado, calado, foi condenado, pegou pena de muitos anos. Todo mês eu ia lá visitar e via que ele não tinha mudado nadinha. Viveu esse tempo todo no meio de bandido, e não ficou ruim por isso. Daí ganhou liberdade condicional, por bom comportamento.

E deu azar: no dia mesmo da soltura dele, bateu um temporal daqueles que faz transbordar o Tietê e enche tudo de água. Eu fui esperar na porta da cadeia pra acompanhar o meu pobre amigo e vi tudo o que aconteceu.

Parafuso, louco pra chegar em casa, cismou de atravessar por um lugar alagado pra cortar caminho, achando que era raso, que não tinha o menor perigo. Eu fui dando a volta por outro lado pra não me molhar. Parafuso bobeou, caiu na correnteza e não sabia nadar.

Eu, de longe, vi a desgraça acontecendo: Parafuso se debatendo, as águas puxando o pobre pro remoinho formado por um bueiro destapado, ele já em ponto de desaparecer, quando passou junto dele uma coisa redonda boiando. Ele só fez se agarrar na boia, caçando jeito de se salvar.

Mas parecia que a boia se debatia também, aquilo tudo se embolou, até que um bombeiro com um bote chegou perto e puxou a boia com força. Parafuso, com o tranco, se soltou e desapareceu no remoinho.

O que parecia uma boia, na verdade, era a mulher gorda que se salvou. O Parafuso agarrou-se nela e morreu. Isso é verdade.

Mas por mais que eu seja amigo dele, não posso acreditar que é verdade isso que o jornal diz aqui:

MARGINAL MORRE COMO HERÓI
PARA SALVAR DESCONHECIDA.

Não, meu irmão, nem marginal nem herói. Era apenas o Parafuso, o meu melhor amigo. Mas eu me consolei com o que minha mãe disse:

— Agora ele não tem mais medo de morrer e ir pro inferno. Se tinha de ir, já foi. Mas Deus é pai.

Parafuso era uma alma boa, um amigo de quem quisesse ser amigo dele. Cá no meu coração, tenho certeza de que, mesmo sem ser herói, o meu velho Parafuso já está no céu. ◣

O mistério do sítio Algodoal

Padre Franz é patrimônio perpétuo de Farinhada. Já deixou em testamento que quando morrer quer ser enterrado no cemitério velho, no cocuruto da Serra da Macaxeira. Há 25 anos vive na vila.

Deixou uma rica e tranquila paróquia e suas aulas numa universidade da Alemanha, desejando vir para um país pobre, dedicar-se a servir aos pobres.

O bispo ofereceu:

— Pois então lhe dou uma paróquia bem pobre.

— Me desculpe, mas não quero nem ser vigário de paróquia, desejo só um povoado e uma capelinha de pouca importância.

Acabou desembarcando em Farinhada pra ficar. Trouxe pouca bagagem, algumas mudas de roupa, uma velha máquina de escrever, muitos livros e uma mania: a parapsicologia, o estudo dos acontecimentos estranhos que as outras ciências não sabiam explicar.

Tomou-se de amores por Farinhada à primeira vista. A vila correspondeu-lhe imediatamente; jamais tinha tido um padre residente, apenas missionários que passavam às pressas, rezavam missa, desfiavam um sermão quase sempre difícil de compreender, batizavam, casavam, ouviam as confissões e partiam.

Simpatizaram logo com aquele homem grandão, careca e vermelho, de fala arrevesada, que dava grandes gargalhadas, cantava com voz de arcanjo, brincava com os meninos na rua, ajudava as mulheres a carregar água, jogava futebol com os rapazes, pegava desajeitadamente na enxada, querendo ajudar nos roçados, e tinha longas conversas com os homens na praça, sempre querendo aprender a falar como a gente.

Sabendo melhor a língua portuguesa, o padre começou a criar mil e uma atividades religiosas. Rodava por toda parte no jipe velho que o bispo lhe dera e aceitava satisfeito o prato que lhe ofereciam, fosse galinha de cabidela ou só caldo de feijão com farinha.

O bispo, progressista, estava contente. Todos na vila sentiam-se gratos e amavam o Padre Franz, menos os seguidores de Assis Tenório, o fazendeiro que ficava danado cada vez que o padre lançava maldições bíblicas contra os latifundiários que deixavam o povo sem terra morrendo à míngua.

Os anos foram passando, diminuindo os cabelos da cabeça do padre, mas não sua animação. A única coisa que temia era que algum dia o fizessem abandonar Farinhada. Vivia dizendo:

— Se um dia eu ficar doente, cego, doido, velho caduco ou seja lá o que for, pelo amor de Deus, prometam que não deixam ninguém me levar embora. Cuidem de mim como cuidam dum jumento velho.

O povo prometia:

— Pelo amor do senhor mesmo, Padre Franz.

O entusiasmo pela Igreja dos pobres não esmorecia o interesse do alemão por casos extraordinários. Pouco depois de sua chegada, tinha encontrado todos os rezadores e curandeiros da vila e dos sítios da redondeza. Para surpresa geral, a atitude do Padre Franz era de amigo, queria ver, compreender, aprender.

Passava horas acompanhando as sessões de reza e cura. Andava com um caderninho anotando todos os casos estranhos que o povo gostava de contar.

Havia até quem inventasse na hora algum caso estapafúrdio de visagem, milagre, mau olhado ou praga realizada, só pra agradar o padre.

O sacerdote escrevia longos artigos sobre o assunto para revistas especializadas de sua terra e dos Estados Unidos.

Assim, Padre Franz foi, por mais de vinte anos, um estudioso dessas coisas, até que um dia apareceu a oportunidade de pôr em prática o seu saber acumulado naqueles assuntos.

Um dia, de madrugada, Aprígio entrou na vila a galope, às quatro e meia em ponto; a galope percorreu a rua de cima, atravessou a praça, a ponte sobre o riacho e meteu-se pela rua de baixo até esbarrar, levantando poeira, à porta da casinha de Padre Franz.

O padre largou o livro de orações e saiu pra ver o que era aquele alvoroço. Aprígio deu o recado:

— Padre, venha correndo que o Cão está solto no sítio Algodoal!

Aprígio parou pra retomar o fôlego e explicou:

— Desde a noite passada que está chovendo pedra por toda a parte lá no sítio. Pedra mesmo, Padre, cada seixo do tamanho duma laranja e até maior. Cai por cima dos telhados, já estão todas as casas destelhadas. O pior é na casa de Manoel Vítor: tem mesa e tamborete andando sozinho, as panelas caindo de cima do fogão, e chuva de pedra pra todo lado.

O padre sorriu e perguntou:

— E vocês o que foi que fizeram?

Aprígio explicou:

— Pensamos que era travessura de menino, mas não é, não. Estavam todos os meninos à vista, e as pedras, caindo. Ninguém nem foi pro roçado, passamos o dia procurando pelo mato pra ver se era alguém de fora. Não tem ninguém lá, não. Só pode ser coisa do Cão. Mandaram chamar o senhor pra benzer.

A vizinhança já se ajuntara à porta da casa. Ninguém entendeu o ar de interesse, e até alegria que iluminou a cara de Padre Franz.

— Que Cão coisa nenhuma, isso é um fenômeno de parapsicologia. Vamos já pra lá. Avisem o povo que hoje não tem missa, que eu vou pro sítio Algodoal.

Saltou para o jipe e acelerou, disparando no rumo do sítio Algodoal, Aprígio galopando à frente, e o jipe sacolejando atrás, pelas curvas que subiam suavemente a Serra do Pilão.

Padre Franz encontrou o povo do Assombro todo metido dentro da capelinha do beato Antão Vítor, único lugar do sítio onde as pedradas não acertavam. De longe se ouviam as rezas e a cantoria. Estavam fazendo o possível pra proteger-se e espantar o diabo. Cercaram ansiosos o padre, pensando que começaria logo as rezas próprias pra expulsar demônios.

— Calma, gente, calma, isso é parapsicologia, é coisa da natureza, não é do diabo, não.

Manoel Vítor, com a cabeça enfiada num capacete de ferro amassado que seu avô tinha encontrado no mato, no tempo de umas guerras que houve por aqui, era o mais aflito:

— Parapsicologia, Belzebu, Coisa Ruim, o que for, Padre, tire logo isso daqui, se não vai-se acabar tudinho!

Mas o padre não se apressava e saiu a fazer perguntas, conversar com um e com outro. Manoel Vítor insistia, acompanhado por um coro de vozes novas e velhas:

— É o Cão, Padre, comece logo a benzer.

Padre Franz não se abalou, primeiro tinha de conversar com cada um. Muitos disseram:

— Não adianta, ele é do estrangeiro, não entende essas coisas...

As pedras continuavam avoando por cima dos telhados, espalhando cacos de telha pra todo lado e espantando gente, cabritos, galinhas, porcos, guinés e marrecos.

Lá pro meio-dia, Padre Franz achou que tinha, afinal, encontrado a pessoa que estava fazendo aquilo, sem saber que fazia.

Crisenaldo, afilhado de Manoel Vítor, era filho de uma prima distante que o entregou ao padrinho para criar. Tinha 13 anos, e o padre concluiu:

— A idade certa, conforme a ciência parapsicológica, para o aparecimento de fenômenos estranhos.

O povo achou que ele podia ter razão.

— Menino calado, sonso, mas muito inteligente, disseram.

Sabiam que Crisenaldo sentia-se enjeitado. Quando pequeno, vivia perguntando:

— Por que minha mãe não me quis?

Explicaram:

— Desde o domingo passado que ele anda com raiva de todo mundo, e do padrinho, mais ainda. Manoel Vítor não quis levar ele pra uma vaquejada que houve pra lá de Itapagi, levou só o filho dele mesmo.

Para Padre Franz, o caso era claro:

— O menino está cheio de raiva e inveja, quer se vingar do padrinho e de toda a gente à sua volta. A raiva dele é tanta que, sem ele mesmo querer nem saber, move as pedras e as coisas pra todo lado, só com a força da mente. Isso é coisa por demais conhecida. Já li um bocado de casos parecidos com esse nos meus livros.

Padre Franz chamou o suspeito que veio, de cabeça baixa, torcendo as mãos atrás das costas. Sentou-se com ele debaixo da mangueira mais copada pra escapar das pedradas e pediu que todos se afastassem.

Tentou ganhar a confiança do menino com perguntas jeitosas, sobre o que ele devia estar sentindo e assim por diante. Como resposta, só recebia muxoxos, olhares do canto dos olhos e o silêncio. O padre tentou de tudo, mas nada tinha efeito, Crisenaldo continuava calado.

O povo do sítio, plantado em um grande semicírculo a distância, esperava pra ver no que ia dar aquilo.

Padre Franz suava em bicas e preparava-se pra começar tudo de novo quando a pedra veio: um calhau maior que o punho de Tonhão acertou bem no meio da careca do parapsicólogo, que caiu pra trás, desacordado.

Crisenaldo aproveitou-se da confusão da gente que se precipitou sobre o ferido e desapareceu no mato.

Foi preciso quatro homens pra levantar os mais de cem quilos do padre e deitá-lo na traseira do jipe.

Manoel Vítor tomou o volante e saiu feito doido pra levar a Itapagi o acidentado, que não voltou a si nem com as sacudidas da estrada. Parou em Farinhada pra conseguir carro mais confortável pro doente.

Juntou gente pra ver o que era. Foi o berro que deu Francisquinha, ao ver o padre caído e ensanguentado, que afinal o despertou.

Padre Franz voltou a si espaventado, gritando palavras desconhecidas. Quando lhe contaram o acontecido, proibiu que o levassem para a cidade.

— Não vou a lugar nenhum, só à farmácia, pra que Honório me faça um curativo.

Estava furioso, e ninguém se atreveu a insistir. Foi amparado até à farmácia, deixou-se tratar resmungando em alemão.

Quando as mulheres quiseram levá-lo pra casa, pô-lo em repouso e preparar-lhe mastruz com leite, empurrou todo mundo e saiu danado para o bar Delícia:

— Me dê aí uma garrafa de cana.

Bebeu calado até o anoitecer. Juntou gente na porta do bar pra ver aquilo. Jamais se vira o padre beber senão o vinho da missa. Cada um dava seu palpite:

— Isso vai fazer mal...

— Faz mal nada, cachaça é o melhor remédio. Deixa ele beber...

Quando o sacerdote arriou de vez em cima da mesa, deram jeito de levá-lo pra casa e deitá-lo. Fizeram vigília a noite toda ao pé da cama do doente, que roncava de se ouvir da rua.

Acordou à hora do costume, expulsou do quarto as mulheres que se agitavam preocupadas à sua volta, meteu-se debaixo do chuveiro frio, vestiu-se e foi direto pra Igreja.

Não disse bom dia a ninguém. Ajoelhou-se na igreja, com a cabeça entre as mãos, e assim ficou até a hora de começar a missa.

Nunca houve tanta gente na missa das cinco. Todo o povo estava ali, com uma mistura de curiosidade e preocupação com o seu padre, esperando que acontecesse mais alguma coisa esquisita.

Padre Franz celebrou a missa em 15 minutos, não pregou, não cantou nem desejou um bom dia de trabalho a todos. Despiu os paramentos, saiu da igreja, foi pro bar Delícia e pediu uma garrafa de cana.

Bebeu calado o dia todo. Almoçou só um ovo cozido que Ademir, o dono do bar, lhe meteu à força pela goela abaixo. Ao anoitecer, levaram-no para casa.

Assim continuou por vários dias.

A tristeza e o espanto tomaram conta de Farinhada. Ninguém sabia o que fazer. Ademir se comprometeu a esconder a caninha e negá-la ao padre no dia seguinte. Não adiantou. Padre Franz meteu-se no jipe, foi bater em algum engenho distante e voltou com cinco garrafões de cachaça de cabeça.

Como se tivesse sido combinado, ninguém disse nem uma palavra fora de Farinhada, e tentaram disfarçar o que estava acontecendo diante dos visitantes de outras bandas que apareceram por aqui. Tratava-se de um problema íntimo do Padre Franz e do povo da vila.

Desistindo aos poucos de fazer o padre parar de beber, a gente de Farinhada foi se conformando e passou a tratá-lo com maior carinho, como mãe que cuida mais do filho mais fraco ou mais malandro.

Encarregavam-se, por turnos, de levá-lo de volta pra casa a cada entardecer. Limpavam-lhe a casa, lavavam-lhe a roupa, zelando pra que não andasse sujo nem caísse pelas calçadas. Com incansável paciência, as mães da vila faziam-no comer do jeito que se faz com as crianças de colo.

Farinhada já se acostumava com os novos modos do padre. De qualquer jeito, era seu padre, o único que jamais tinha tido e que a libertara do medo do deus castigador, revelando-lhe o Deus maternal que se preocupa até mesmo com a situação da safra de feijão dos pobres ou com a diarreia dos meninos.

As atividades religiosas e sociais retomaram seu ritmo, com os leigos cuidando de tudo. Até o dia em que as moças voltaram da reunião das catequistas em Itapagi com a notícia:

— Dizem que o bispo já sabe de tudo e vem no sábado pra levar embora o Padre Franz. Disse que ele não pode mais ficar aqui, escandalizando o povo.

Na sexta-feira, a luta já estava armada. No sábado, Farinhada despertou com as pisadas do povaréu que chegava de todos os sítios ao redor. Vinham de caminhão, montados ou a pé. Vieram os mais velhos e as crianças, tão pequenas algumas, dentro dos caçuás, no lombo dos jumentos.

Severino Santos subiu pro cemitério, pra pastorear os caminhos e dar sinal quando o carro do bispo apontasse.

O bispo chegou acompanhado do vigário geral e do Doutor Silva Alecrim. Seu carro mal pôde entrar na praça. Deu com o povo ocupando todo o espaço, em fileiras cerradas, cercando e escondendo o bar Delícia. Nada das mãos acenando e dos sorrisos desdentados, mas alegres, das raras visitas anteriores do bispo.

O professor Paulo Afonso, escolhido como porta-voz pelo seu prestígio de intelectual da vila, adiantou-se e desfiou a curta fala tantas vezes ensaiada:

— Excelentíssimo Senhor Bispo, em nome do povo da Vila da Farinhada, declaro-lhe que daqui o Padre Franz não sai. A voz do povo é a voz de Deus.

Tudo o que o bispo tentou dizer a partir daí foi abafado pela zoada da multidão. Não houve jeito, nem argumento, nem autoridade que adiantasse.

Ao fim de duas horas o bispo se deu por vencido, meteu o rabo entre as pernas, com o perdão da má palavra, e foi-se embora.

Desde aquela data, se não largou da cachaça, Padre Franz abandonou o ar triste que apresentava desde o dia fatal da pedrada e do primeiro pileque. Voltou a rir, a falar com toda a gente e a cantar. As bebedeiras deixaram de ser caladas e tristes, agora são falantes e alegres. Canta até melhor depois de tomar umas e outras. ◣

O AMOR TRANSFORMA

Mocinha foi para aquele comício da oposição como ia a qualquer comício, missa, terço, procissão, forró, circo, jogo de futebol, enterro, desfile escolar ou apresentação da banda de música que aparecesse no bairro. Luzinete, com mania de controlar a vida dela, queria saber pra que é que ela ia nesse comício da oposição, se a família votava era no partido do prefeito. Mocinha respondeu de mau modo:

— Porque todo o mundo vai e porque qualquer coisa serve pra passar as horas em que não tenho de ficar atrás do balcão da Panificadora Flor do Minho, aguentando o mau humor da Dona Piedade. Que aqui em casa, com esse monte de gente, não tem nem canto pra ficar à toa.

Encostou-se num poste, meio de fora do ajuntamento, como era seu costume. Como sempre, não prestou atenção aos discursos, deixou o pensamento e a vista zanzando soltos pela praça cheia de gente, sem olhar de fato pra ninguém, porque aquelas caras já chegava ter de avistar todo dia, pedindo pão na padaria ou passando sem vê-la escorada no batente da porta de casa.

Já estava ali havia mais de meia hora quando teve a impressão de ver uma cara diferente, piscando pra ela. Segurou a vista, que já ia adiante no seu passeio tonto, e olhou de novo, com atenção.

Um rapaz desconhecido estava mesmo piscando um olho pra ela com um leve sorrisinho de canto: uma piscada, duas...

O coração de Mocinha deu um pulo no peito e ela se virou depressa pra outro lado.

— Não, aquilo não pode ser comigo, que rapaz nenhum nem nunca viu que eu existo, até me dão encontrão na rua sem pedir desculpa. Há de ser pra outra moça qualquer.

Olhou à volta e não tinha moça nenhuma por ali, nem tinha ninguém olhando pro lado do rapaz de fora. Estava todo mundo de olho pregado no palanque, onde um político da oposição estava gritando o diabo contra o prefeito, bem ali no meio da praça, o que era de fato coisa de deixar a gente de olho parado esperando pela confusão que ia dar.

Mais uma vez, foi-se virando bem devagarinho e deu de novo com a piscadinha.

— Não há dúvida, as piscadas são pra mim!

Deu-lhe uma moleza nas pernas, o coração, que até ali só conhecia agitação de raiva, disparou numa batida diferente e sentiu aquela quentura subindo dos pés até às orelhas.

Ficou ali sentindo aquilo tudo, assustada, o pensamento todo enleado, até que o povo começou a se mexer pra deixar a praça no fim do comício. O moço estranho tinha desaparecido.

Mocinha correu pra casa e meteu-se calada na rede, no seu canto escuro, de medo que alguém reparasse nela justo agora, assim, encarnada da emoção como estava. Ficou lembrando:

"...pra mim! Piscou pra mim, gostou de mim!"

O coração acelerando de novo. Virou-se pro outro lado, dizendo pra si mesma:

— Deixe de ser besta, que um rapaz daquele ia gostar de você nada... veio com os políticos para o comício, só se divertiu, mangando... foi-se embora e nunca mais se lembra de você.

Ficou se virando de um lado pro outro, de uma certeza pra outra, até adormecer.

No dia seguinte, acordou quase a mesma de sempre, dizendo:

— Nem queria nada mesmo com rapaz nenhum, que nenhum presta, é tudo igual.

Era domingo. Banhou-se, vestiu-se e foi pra missa. Se alguém reparasse nela, veria só aquela magrela da Mocinha encostada na coluna do alto-falante, com cara de sonsa e o olhar vago passeando pela igreja.

Já ia longe o sermão quando viu de novo o rapaz da véspera e a piscada. No sobressalto, escondeu-se atrás da coluna e ficou ali, aquele desmantelo por dentro outra vez.

Saiu da igreja empurrada pelo povo. Perambulou meio perdida pela praça até que viu o rapaz entrando na casa que tinha ficado fechada tanto tempo. Deu jeito de perguntar a um e a outro e ficou sabendo que para ali acabava de se mudar uma viúva que tinha chegado do interior pra morar na vila. Tinha um filho, empregado e morando no centro do Recife, que vinha todo sábado visitar a mãe. Chamava-se, imagine!, Roberto Carlos. Ai, Roberto Carlos, que nome lindo!

Mocinha não comeu quase nada no almoço, saiu de novo naquela quentura do meio-dia e sentou-se no banco debaixo do jambeiro da praça, vigiando a casa do outro lado, morta de nervosa. Só lá para as três horas foi que ele apareceu, com cara de quem acabava de acordar, e tomou logo o lotação pra capital.

Não podia pensar em mais nada. Em casa estavam até reparando na existência dela, de tanto que dava trancos na mesa, deixava cair as coisas, atravessava-se no caminho dos outros, sem saber por onde ia nem o que fazia.

Só pensava no sábado seguinte e na volta de Roberto Carlos. A cabeça cheia de cenas românticas, até do casamento, tudo aquilo passando e repassando como um filme lindo.

Nos filmes de sua cabeça, Mocinha aparecia linda, uma princesa. Desde logo, começou a preocupar-se:

— Com que roupa, com que cara, com que cabelo eu vou me apresentar quando o rapaz voltar?

Aquelas roupinhas tão sem graça, nem batom não tinha, que sempre acreditou:

— Moça séria não precisa disso, e também nem adianta.

Mas, depois das piscadas do rapaz, estava em dúvida:

— Será? Agora é diferente.

Foi várias vezes se espiar no espelho grande de Luzinete e via-se matuta e indigna das atenções de tão galante admirador. Não fosse ele olhar melhor pra ela e desistir...

— Pedir roupa emprestada à minha prima, nem morta.

Falava com o espelho:

— Quero só ver a cara daquela maldosa e escandalosa da Luzinete quando souber.

A prima vivia dizendo:

— Seu nome é Mocinha porque você está condenada a ser só moça a vida toda.

Agora Mocinha ria e pensava:

— Moça-velha quem vai ficar é a própria Luzinete, que dá bola pra qualquer um.

Dona Piedade, proprietária da padaria, espantou-se quando aquela preguiçosa da Mocinha ofereceu-se pra ir ao centro do Recife buscar a encomenda de fermento, mas concordou e até deu, sem reclamar, o dinheiro pra pagar os três ônibus de ida e volta.

Mocinha foi-se, levando toda a fortuna que havia ajuntado com os trocados que ficavam depois de dar quase todo o salário à avó. Deu pra pouca coisa: um par de sandálias de plástico azul, um batom e a entrada num vestido que disseram na loja que estava na moda, pra pagar o resto à prestação. Sentia-se meio como quem vai a uma aventura proibida, agarrada ao pacotinho precioso.

No sábado, levantou-se muito antes dos outros e meteu-se no banheiro com as coisas que tinha comprado. Enfiou o vestido novo, calçou as sandálias, sentiu-se estranha. Experimentou soltar os cabelos, não teve coragem. Passou batom, olhou-se no espelhinho, assustou-se, lavou depressa a boca com sabão. Ficou ali um tempão, indecisa e agitada.

— Deixe de ser besta...

Passou o batom outra vez, tirou, passou de novo e acabou saindo do banheiro assim mesmo, que já estava alguém batendo na porta.

Saiu para a rua ainda no lusco-fusco da madrugada, pra ninguém de casa olhar pra ela.

Ficou esperando na porta da padaria, sentindo-se nua com um pedação das coxas à mostra, tão curtinha aquela saia, com os lábios em fogo, exposta a mil olhares curiosos, embora não estivesse ninguém na praça àquela hora.

Vestiu o avental e a touca que a patroa fazia questão. Melhor, assim ninguém reparava no vestido.

Atrapalhou-se a manhã inteira, deu dúzia por meia dúzia, derrubou a pilha de latas de sardinha e levou mais de um carão de Dona Piedade.

Viu passar o lotação que vinha do centro do Recife:

— Será que ele veio? Não aguento mais esperar!

Olhou de cara feia pra Dona Piedade, dizendo de boca fechada:

— E essa mulher que nunca mais que fecha essa padaria!

Saiu, afinal, para a praça e deu a volta toda, até passar na calçada rente à casa dele. Ouviu voz de homem. Só podia ser ele. Fez voltas e mais voltas à praça até que deu com ele na janela, tropeçou nos próprios pés, passou diante da casa trocando as pernas. Ele olhou rindo e piscou para ela.

Mocinha custou a refazer-se da emoção. Voltou pra casa, engoliu o almoço sem mastigar, reavivou o batom e foi de novo pra rua.

Passou o resto do sábado e grande parte do domingo andando pelo bairro, buscando oportunidades de cruzar seu olhar com o dele. Arriscou-se até a dar umas voltas com as outras moças no meio da praça, à noitinha, enfrentando os olhares da rapaziada parada na calçada.

Quando percebia que ia passar por Roberto Carlos, virava a cabeça para outro lado, disfarçando, até chegar bem perto. Então o encarava e lá vinha a piscadinha, sem falta, certeira.

Foram ao todo seis piscadas naquele fim-de-semana. Mocinha já estava se acostumando, nem ficava mais tão nervosa, já nem estava se importando tanto com o vestido curto e o batom.

Quando o rapaz se foi embora, ela estava exausta, com os pés doendo mas o coração em festa. Tinha certeza:

— Ele está mesmo gostando de mim, é o homem da minha vida, isso é certo como o destino.

Segunda-feira, sem nem pensar, passou batom antes de ir pra padaria.

A cada dia, um novo passo a caminho da felicidade: terça-feira, dobrou a cintura da saia para encurtá-la, quarta-feira, soltou os cabelos, quinta-feira, foi à casa de Seu Feliciano e arranjou um serviço pra distribuir camisetas do candidato do prefeito e recolher os títulos dos eleitores beneficiados. Pagaram bem:

— Bendita política!

Sexta-feira foi ao bazar Duas Irmãs e comprou um par de brincos dourados.

Sábado, o lotação do centro da cidade chegou, e ele não veio.

— Logo hoje, que estou me sentindo tão bonita!

Dedicou o sábado e o domingo a aperfeiçoar as cenas de seu futuro com Roberto Carlos, sonhando acordada. À tardinha, quando todos os jovens da vila se concentravam na praça, ajeitou-se toda, botou os brincos e também foi.

— É só impressão ou aquele rapaz do novo posto do correio está olhando pra mim de um jeito diferente? Não é que está mesmo!

— E ali adiante, aquele outro. Enxeridos...

— Não adianta que eu não estou nem aí, já sou comprometida.

Nem percebeu que começava a mover levemente as cadeiras.

Passou mais uma semana de grandes mudanças. Arranjou trabalho à noite, na campanha da oposição, e lhe pagaram ainda melhor que a turma do prefeito. Naquela semana, deu menos dinheiro à avó. Foi comprando mais uma coisinha, outra, uma blusa, uma saia, xampu e fivela para o cabelo, esmalte para as unhas. Passou a enfeitar-se todo dia, cada dia mais bonita:

— Vai que ele aparece de improviso no meio da semana?

Luzinete até notou e comentou:

— Mocinha está mudada, está até parecendo gente.

Ela nem se aborreceu, apenas sorriu, misteriosa.

Copiou num caderno todas as canções de Roberto Carlos que encontrou numas revistas velhas.

Na padaria, distraída pelos sonhos de amor, cometia cada vez mais desastres. Mas ela nem se importava:

— Também, se eu perder esse serviço, não faz mal nenhum, que ele é bem empregado, não vou mesmo precisar trabalhar mais.

Dona Piedade andava por demais desconfiada, vendo toda aquela transformação. Vivia dizendo:

— O que é que tu tens, ó menina, que andas tão atrapalhada?

Mocinha nem ligava.

No sábado seguinte ele veio. Ela caprichou nos trajes, na pintura e no penteado e recomeçou a andança pela praça.

— Hoje ele vai falar comigo, com certeza, pedir pra namorar ou, pelo menos, puxar conversa, perguntar meu nome, apresentar-se, perguntar se eu gosto de música, essas coisas...

Já tinha até preparado as respostas que ia dar, e ficava ensaiando dentro da mente:

— Adoro o seu xará, Roberto Carlos, veja que coincidência. Até choro quando escuto *Essa nossa canção*... Quando ele canta *Detalhes*, então, fico toda arrepiada...

Mas, que nada, ele só fazia mesmo era piscar um olho quando ela passava. Não adiantava retardar o passo, para dar-lhe tempo de abordá-la. Ele piscava e calava, e ela seguia adiante, sentindo a canseira. Então tomou uma decisão:

— Semana que vem, se ele não falar, quem vai falar sou eu, vou desatar essa história.

Passou a semana fazendo e refazendo as frases e os trejeitos com os quais ia atacá-lo e conquistá-lo definitivamente.

Na sexta-feira, na hora de fechar a padaria, chegou a mãe de seu futuro namorado. Esticou uma orelha pra ouvir:

— E então, minha senhora, seu filho já ficou bom do tal problema no olho?

Mocinha esperou a resposta, desconfiada, e ouviu:

— Ih, Dona Piedade, deu um trabalho danado, mas o doutor de Recife passou um remédio muito caro e diz que logo ele não sente mais nada e para de tanto piscar.

A moça ficou esperando a explosão da dor de tamanha desilusão, mas ela não veio. Não sentiu nadinha além de um certo espanto. Jogou os cabelos para trás e disse pra si mesma:

— Afinal, ele não era mesmo grande coisa. E o que não falta nesse mundo é homem.

Mocinha tirou o avental e a touca, sacudiu a cabeleira e saiu se requebrando pela praça. ◣

A CANTIGA É UMA ARMA

Maria Raimunda nunca precisou ler as letras nos papéis. Desde que abriu os olhos pretos neste mundo de meu Deus, leu tudo o que há no livro das coisas e das gentes, por dentro e por fora, até aonde a vista alcança. Aprendeu cedo:

— Quem tem o coração mole leva mais pisas da vida.

Por isso é brava que só! Sempre foi.

Todo mundo tem um pouco de medo de Maria Raimunda, mas ela não tem medo de ninguém e diz:

— Só temo a Deus e o perigo de amolecer quando vejo menino sem mãe, homem chorando, criança carregando enterro de anjinho, velho sem teto, mulher gestante com variz e fome, essas coisas.

E ainda acrescenta, escandalizando muita gente:

— Prefiro mesmo é ter raiva, que dá coragem e força para resolver tudo o que aparece pela frente.

O povo gosta de comentar:

— Quando lhe pedem favor, fecha a cara e diz que não é madrinha de ninguém, que só vai fazer o favor pro outro desaparecer de sua frente.

— Quando dá alguma coisa, não é como quem dá: sacode de mau jeito o prato ou o agrado que seja pra cima do outro, como coisa que não presta.

— Não tem dó nem de filho e marido: se Antônio Pedro chega em casa meio tocado de cachaça, ela nega a janta, passa o ferrolho na porta e larga o pobre a noite inteira no terreiro.

— E ainda diz que sereno e jejum é bom para bebedeira.

— Dizem que os filhos têm as orelhas grandes é de tanto puxão que levam.

Contam que quando Antônio Pedro pediu pra se casar com ela, a resposta veio chispando:

— É o jeito... que mulher nasceu mesmo pra sofrer.

Os mais sábios dizem:

— Deixa ela. É assim que Maria Raimunda gosta de ser, dura feito pau de sucupira.

Assim mesmo toda a gente vive atrás dela, pedindo conselho, perguntando as coisas. Ela responde sempre, de má vontade mas responde, sabe de tudo. Não se importa nem um pouco que lhe digam mulher-macho, que isso lhe dá mais autoridade.

Tem muita autoridade, Maria Raimunda, e não é só por causa da cinquenta e meia de terra que recebeu de herança, com escritura e tudo, de onde ninguém a tira e onde quem manda é ela. Isso é coisa de dentro dela mesma, que teve sempre e que cresceu muito mais depois que comandou a guerra em Cacimba.

Ninguém havia de pensar que uma coisa assim, tão costumeira, podia findar naquela guerra toda. Porque o começo de tudo foi somente um boato que correu em Cacimba:

— Diz que Dr. Romero pegou aí um dinheiro do governo, telefonou de Brasília e mandou Adroaldo comprar mais uns garrotes, careceu de mais pasto e mandou dizer que Zuza Minervino e mais uns outros desocupem a terra do Sítio Velho em oito dias.

Zuza tinha acabado de sachar o feijão, estava uma beleza o roçado como há muitos anos não se via, a esperança da safra era tão grande que ele não podia deixar assim.

— Eu hei de ir pra onde, com essa ruma de filho pequeno, fazer o que, que só sei de plantar, limpar e colher? Ir pra rua, pra favela, morrer de fome com a família toda?

Numa hora dessas a pessoa cria uma valentia danada:

— Porque se é de morrer de qualquer jeito...

Ele tinha andado escutando umas coisas, histórias... Frei Hermínio tinha contado de umas brigas por causa de terra, de uma gente que não saía do roçado nem a pau e acabava ganhando de fazendeiro e de usineiro, por causa de uma lei que havia nos papéis do governo e que o povo pobre nem sabia.

Zuza disse aos outros vizinhos do Sítio Velho:

— Não façam nada, esperem que eu vou falar com o padre.

Na noite seguinte, veio o advogado mandado pelo bispo; falando bem baixinho, na casa de Frei Hermínio, explicou a Zuza a Manoel Justino e a Isaías:

— Tem lei, sim, vocês têm direito, mas a lei só voga com a coragem de enfrentar, resistir, ficar na terra sem correr das ameaças.

Falou de reforma agrária e de lei de desapropriação, de INCRA e de posse de terra, tanta coisa, tão bem explicado que Zuza acreditou.

Frei Hermínio reforçou tudo lendo na Bíblia que Deus tinha dado a terra a todos e muitas coisas mais, de assombrar e de fazer crescer a coragem.

E foi daí que começou a coisa, porque Zuza, Manoel e Isaías foram de casa em casa, explicando tudo e convencendo os outros, menos Givanildo, que saiu cedinho no dia seguinte e foi para a casa grande da fazenda contar tudo a Adroaldo.

Daí pra frente foi luta: os capangas armados de doze cercando os sítios dos moradores, o advogado botando a questão na justiça, Adroaldo soltando o gado pra comer os roçados, Frei Hermínio chamando o povo pra ajudar a tanger o gado pra fora, os jagunços entrando nas casas do sítio e quebrando tudo o que havia dentro, o bispo dizendo no rádio que tudo aquilo era pecado contra Deus que estava do lado dos pobres,

Dr. Romero voltou às pressas de Brasília, dizendo:

— Esse frade e esse bispo são os dois comunistas, agitadores do povo.

Zuza falou com os outros:

— Não liguem pra isso, não, que comunismo deve de ser uma coisa muito boa. Se fosse ruim já tinha chegado pra nós, os pobres.

Os moradores do sítio continuaram resistindo, trabalhando só de mutirão, homem, mulher, menino e velho, sem deixar ninguém sozinho pra apanhar do inimigo.

Os capangas de Dr. Romero disseram:

— É Zuza o cabeça de tudo.

Veio um tenente da capital com um papel na mão dizendo:

— Ordem do juiz.

Mandou os soldados prenderem Zuza no xadrez de Cacimba:

— De lição, pra todo o mundo ouvir os gritos dele, apanhando, e ninguém mais se meter a besta.

E foi daí que Maria Raimunda, que tinha ficado só espiando a confusão, que não tinha nada a ver com isso, segura lá no sítio dela que ninguém podia tomar, entrou na história.

Maria, mulher de Zuza, não aguentou mais:

— Meu marido, pai de meus filhos, homem de bem que nunca tinha pisado em delegacia nem por bebedeira, assim preso e maltratado feito malfeitor, não aguento, não.

Foi falar com Frei Hermínio e ele lhe disse:

— Deus olha pelos pobres, aguente mais um pouco, tenha paciência, tenha coragem que o dia da vitória vai chegar.

Ela não tinha mais coragem, não podia.

Foi buscar força na casa da tia que pra tudo tinha saída. Maria Raimunda viu Maria de Zuza chorando, olhou a penca de crianças agarradas nela, chorando todas, o bucho grande já em ponto de parir mais um, afastou a pena que vinha vindo e deixou crescer a raiva.

Banhou-se, vestiu-se, agarrou num terço, saiu de casa e foi passando pelos sítios vizinhos chamando as mulheres:

— Vamos embora que está na hora de rezar.

Foram todas atrás dela, no sol da uma da tarde. Houve muitas que disseram:

— Hora mais estranha para rezar!

Mas, assim mesmo, foram, porque é difícil resistir à autoridade de Maria Raimunda.

Quando chegou no canto da praça, onde fica o xadrez, já tinha pra mais de 30 mulheres atrás dela, querendo saber:

— O que será que Maria Raimunda inventou de fazer?

Pois ela se plantou bem em frente à cadeia e puxou um bendito, com a voz mais forte que tinha, lá do fundo da garganta, nada daquele canto maneirinho que Frei Hermínio queria ensinar.

A cantoria cresceu na mesma hora, mais 30 vozes, mais 50, mais 200, ecoou nos terreiros, na fila do chafariz e do posto de saúde, nos tanques de lavar roupa e nas cozinhas, subiu pra casa grande da fazenda e acabou com a sesta de Dr. Romero, enveredou para a cidade, rebateu na torre da matriz e enfiou-se no gabinete do prefeito, atravessou a casa do bispo, depois pegou a estrada federal e estrondou na capital, bem na praça principal, acordou os deputados que cochilavam no plenário, cobriu as sentenças dos juízes no fórum, feriu o ouvido do governador, espalhou-se por toda parte, crescendo sempre com as vozes de todas as mulheres que já sentiram uma injustiça nessa vida, não se calou quando a noite chegou nem quando o dia clareou e por aí continuou por mais de uma semana.

Mandaram calar Maria Raimunda, mas na praça de Cacimba não se podia ouvir ordem nenhuma, só a cantoria das mulheres.

Desceram os homens de Dr. Romero, mas ninguém fez caso deles, e mesmo aqueles brutos não puderam bater na própria mãe que lá cantava.

Mandaram o batalhão da Polícia Militar, que veio vestido e armado pra guerra, cercou a praça, deu tiros pro alto, mas só conseguiu que a cantoria ribombasse ainda mais alto, encobrindo o tiroteio, até que se acabasse a munição, e os soldados, desmoralizados, mortos de fome e sede, aceitassem a água e o feijão que as mulheres lhes deram sem parar de cantar.

Foi assim a guerra que Maria Raimunda ganhou quando as autoridades não aguentaram mais o tormento da insônia, mandaram soltar Zuza, apressaram o juiz, o INCRA e sabe-se lá mais quanta coisa, e veio uma comissão de Brasília obrigar Dr. Romero a entregar a terra, de papel passado, pra quem nela vivia e plantava.

Então voltou o sossego a Cacimba, voltaram as mulheres para casa, o governador tirou uma semana de férias pra dormir à vontade e Dr. Romero voltou danado pra Brasília.

Quando Zuza chegou, puxando a cabra de raça por uma corda, para presentear e agradecer a Maria Raimunda, ouviu:

— Deixe de besteira, Seu Zuza, não careço pra nada dessa cabra magra, não fiz nada por você não, só me deu foi uma vontade danada de cantar. ◣

As linhas tortas de Deus

Oneide torce no bocal a lâmpada de 25 *watts* pendente do fio, no meio do quarto, que parece ficar um pouco mais escuro quando a fraca luz amarelada expulsa o resto de azul que ainda entra pela única janela que não dá para um beco. Não se importa com isso não, sabe de cor o que vai fazer, o movimento que já repetiu tantas vezes.

— Agora é a última vez, se Deus quiser!

A nota que traz dobrada no sutiã completa, certinho, o tanto que precisa pro material, conforme os cálculos de Vadinho.

Vendo a mãe chegar com ar tão contente, Marisete pergunta, já na porta, saindo pra escola:

— Então, mãe, comprou o material?

Oneide explica:

— A compra, mesmo, só amanhã: quando subi, vi que Vadinho já tinha abaixado a porta de ferro do depósito e não quis incomodar, embora a luz ainda estivesse acesa lá dentro.

Marisete já tinha descido para a rua e Oneide ficou pensando:

"Os comerciantes do morro estão fechando as lojas cada vez mais cedo!; mas, de hoje pra amanhã cedinho, o que é que pode acontecer pra atrapalhar?, não há de ser hoje que vem um ladrão aqui, que ladrão?, em casa de pobre pelo menos disso a gente está livre! Deus vela... como é mesmo aquele salmo?: — *Se o Senhor não proteger a cidade, em vão vigiará a sentinela....*"

Ri, contente. Retira com cuidado o quadrinho dependurado no prego, deixando à mostra a parte mais larga da rachadura na parede, cutuca dentro da fresta com um grampo de cabelo e puxa o pacotinho fino embrulhado em papel pardo de enrolar pão.

Abre o embrulho e acha, direitinho, as cinco notas de 100 e mais seis de 50 que agora são sete, com aquela que ela traz dobrada no sutiã.

Um dinheirão!, pra ela. Não para Dona Marta, que hoje mesmo Oneide ouviu a patroa, no telefone, contando pra uma amiga:

— Comprei um pretinho básico por 550, preço ótimo, não acha?

Riu, balançando a cabeça do mesmo jeitinho que faz quando o Candinho diz as besteiras dele.

Oneide sempre achou Dona Marta meio bobinha, mas gosta dela.

É quase uma amizade das duas, tanto que desde que chegou ao Rio, há anos, Oneide trabalha pra Dona Marta sem motivo pra sair de lá.

Oneide tem é pena:

— Imagine a pessoa ter um pai que se matou e a mãe acabada numa cama, que a enfermeira põe pra cá, põe pra lá, sem saber de nada, sem mexer um dedo, vivendo assim que nem um pé de couve.... Nem minha bisavó, com mais de 110 anos, ficou daquele jeito. É melhor ter os velhos da gente pobres mas inteiros, inteiros, ranzinzas mas com a cabeça viva, mesmo que seja lá em Minas, ai, tão longe!

Faz tempo que Oneide não escreve nem recebe carta de sua terra.

Refeito o embrulhinho, Oneide enfia tudo de novo pra dentro da rachadura, recoloca o quadro no lugar e fica ali, esquecida da vida, aproveitando o momento de satisfação e silêncio, olhando pro quadrinho, o seu preferido, um palmo por um e meio de cor, alegria e beleza.

Foi o primeiro quadro que Candinho pintou, e ela acha que é o retrato dele. Pra quem achava que não parecia nada com ele, ela explicava:

— Não é um retrato assim de parecença por fora, como se fosse fotografia, porque a cara do menino pintado não parece mesmo com a cara de Candinho. Mas é o retrato dele direitinho, como se fosse ele virado do avesso e mostrando na tela coisas que tem lá dentro, cores sem nome que eu nunca vi em outro lugar e nem imaginava, aqueles passarinhos, bichos que não existem nesse mundo, tudo inventado por ele, aquelas flores e nuvens, e o menino misturado no meio daquilo, tudo diferente demais!

Diferente, Candinho.

— Nasceu igualzinho aos outros, mas depois que pegou a ter convulsão, ataque, ficou assim.

Oneide ficava triste quando diziam que ele era bobo, retardado, nunca aceitou:

— Ele é só diferente, gente!, sem malícia, meio estranho, é verdade, tem umas manias, que ninguém bula nos trens dele! Faz e diz umas coisas que a gente não entende bem, mas é só isso, diferente.

Oneide gostou quando leu na Bíblia:

"...da boca dos inocentes sai a sabedoria."

Pensou:

— Isso fala de Candinho, inocente.

Começou a prestar mais atenção ao que ele diz, querendo compreender a sabedoria escondida ali.

Pelejou para segurar Candinho na escola, mas não houve jeito, nem queriam ele lá. A professora dizia:

— Não posso lhe ensinar nada, que ele não presta atenção, fica avoado, com os olhos vidrados, olhando pela janela, ou pra uma mancha qualquer na parede, é como se não estivesse aqui.

Oneide insistiu, mas a professora não se convencia:

— De repente ele começa a contar uma história sem pé nem cabeça, e não há quem faça ele calar, até acabar; faz confusão na sala porque os outros meninos gostam de arreliar Candinho.

Também, nem ele mesmo queria ficar lá. Quando lhe dava a sapituca, saía pela porta da escola afora, sem dizer nada, e sumia nos becos do morro, só ia chegar em casa já de noite, sem saber dizer onde tinha andado.

Oneide está atrasada, precisa tomar banho e vestir-se, tomar uma sopinha e subir pro salãozinho, que hoje é dia do encontro da comunidade, mas fica ali olhando pro retrato de Candinho, lembrando.

Candinho, sempre no centro da vida dela. De primeiro, tirando a preocupação de que lhe acontecesse alguma coisa ruim, de que alguém se aproveitasse da inocência dele ou de que um dia ele sumisse pra sempre, Candinho não era difícil de lidar: queria agradar à mãe e a todo mundo.

Com o remédio que passaram pra ele e, graças a Deus!, Oneide sempre conseguiu garantir, o menino não tinha mais ataque.

O problema com a vizinhança só começou quando ele deu de encher tudo o que fosse papel, parede, muro, porta, janela e até lençol estendido em varal com uns calungas e bichos, traçados a caco de telha, a pedra de cal e toco de carvão.

No princípio, Oneide achou graça, se admirava, achava aquilo até bem feito:

— Onde será que ele aprendeu?

Ficou contente porque Candinho deixou de sumir ou, se sumia, era lá pra dentro dele mesmo, ficava em casa, entretido, rabiscando. Mas quando ali já não havia mais um canto livre pra cobrir com desenhos, quando até o cimento do chão ficou cheio, danou a desenhar nas coisas dos outros, de preferência bem nas tábuas ou no reboco que algum vizinho tinha acabado de caiar.

A mãe tentou explicar que não podia:

— Coisa dos outros é sagrada, não se pode mexer, meu filho.

Mas era como se ele não ouvisse nada, não entendesse, fazia que sim com a cabeça, virava as costas e ia direto desenhar na parede do barraco de Osvaldo ou de Dona Arlinda.

Oneide não quer chegar atrasada na reunião, mas lembrar da comunidade também faz seu pensamento correr por outros caminhos e tempos, e ela vai ficando, recordando:

— Se não fosse essa história de formar comunidade no morro, pode ser que há muito tempo eu já nem estivesse mais morando aqui, sabe lá onde é que ia arrumar outro canto para viver com cinco filhos!

Porque a vizinhança começou a ficar incomodada com as coisas de Candinho. Sempre tem um ou outro mais implicante. Ela andava aflita com medo de não aguentar o falatório, as reclamações querendo que ela pagasse nova caiação, as caras feias pro lado dela e dos meninos.

Um dia, no ponto do ônibus, Oneide desabafou com Maria do Carmo, conterrânea lá de Minas, e a outra convidou pra fazer parte dum movimento de comunidade:

— Quem sabe os outros conhecendo seu caso dava pra ajudar?

Demorou a ir, porque chegava tarde e cansada do serviço mas o problema de Candinho com os vizinhos só piorava, um dia chegou mais cedo, resolveu e foi ver o que era aquilo. Gostou. Depois contou pra Marisete:

— Doze pessoas daqui mesmo, apertadas na salinha de um barraco comum, mas contentes. Nem se espantaram com a minha chegada, como se eu já fizesse parte deles.

Marisete se interessou e Oneide continuou:

— Estavam animados, cantando um canto a Nossa Senhora. Depois contaram casos, falaram dos problemas do morro, dos motivos daquilo tudo que era a sociedade mal arrumada em que a gente vive, de juntar o povo e lutar pra conseguir uma creche, deram conta das ajudas a um e a outro, combinaram uma novena pro Espírito Santo e um abaixo-assinado pra exigir a volta da merenda escolar, juntaram a contribuição de quem pudesse dar pra comprar o remédio urgente de um vizinho desempregado e cantaram, cantaram muito.

Marisete foi saindo, apressada, mas a mãe continuou:

— Me deu uma saudade enorme, mas boa, da minha terra, tão longe, lá no norte de Minas, das rezas e procissões, das missas do domingo com coro cantando, que me faz tanta falta aqui nessa cidade que parece um mundo sem Deus.

Oneide ficou lembrando como foi a reunião:

— De vez em quando, um ou outro mais sabido pegava uma bíblia, folheava prum lado e pro outro e encontrava uma passagem pra ler que dava certinho com o que estavam dizendo.

Lembrou como Maria do Carmo puxou o assunto de Candinho, e ela, Oneide, meio sem querer acabou contando tudo e foi aí que encontraram aquelas palavras de Deus que falavam dele, da sabedoria dos inocentes, disseram que iam pensar um jeito de ajudar, rezaram juntos por cada um, pelo morro todo e pelo mundão inteiro.

Quando desceu pra casa, Oneide se sentia menos só. Foi de novo na outra semana e nunca mais largou, pegou gosto naquilo, ajudou a criar outros grupos no morro, embora, com os sofrimentos de tanta gente além dos dela mesma, aumentasse o tanto de problemas que já tinha pra resolver na vida, mas também dava alegria quando se conseguia vencer alguma coisa, uma pequena vitória contra a dor, o desespero, o desânimo. Era bom.

Ajudaram-na com Candinho. Hernandes, empregado na limpeza de uma gráfica, chegou um dia dizendo:

— Olhe, Dona Oneide, achei que esses maços de papel, borrado de um lado só, devem servir pra Candinho desenhar do outro lado.

Depois foi Olinda, porteira de um colégio de freiras que ajuntava e trazia tocos de lápis de cor.

Candinho consumia tudo em pouco tempo, desenhando sem parar, mas deixava em paz os muros dos vizinhos. A coisa acalmou-se e melhorou muito quando o povo começou a achar bonitos os desenhos e pedir que ele desse algum para enfeitar a casa.

Agora Oneide suspira fundo, contente, olha o relógio, corre pra cozinha pôr a sopa pra esquentar enquanto toma banho e se veste. Encontra o fogão ocupado por uma pequena pilha de quadrinhos pintados em cores vivas e ri, feliz, pensando no que vai fazer amanhã mesmo:

— Mas que menino distraído!

São quadros verdadeiros, pintados com capricho, tinta a óleo sobre a tela bem esticada na armação de madeira, uma beleza!

— Isso é que foi mesmo uma sorte!

Oneide lembra mais um pouco. Um dia, Dona Marta chegou da rua toda animada, dizendo que ia ter aulas de pintura, com um pacotão de telas, tintas e pincéis:

— Tudo caríssimo, importado!, que o professor não admite material vagabundo.

Não durou quase nada o entusiasmo. Dois meses depois, dona Marta chegou em casa indignada:

— Esse professor não sabe ensinar nada e depois diz que eu é que não tenho talento. Pra mim, chega de pintura! Oneide, por favor dê fim nesses trastes, não quero mais nem ver isso. Jogue no lixo, faça o que quiser, mas tire daqui!

Quando chegou em casa com a primeira caixa de materiais de pintura e abriu diante de Candinho, foi como um milagre, ele foi desembrulhando as coisas como se já conhecesse, sabia direitinho o que fazer. Naquela mesma noite, o menino nem foi se deitar, pintou o primeiro quadro, aquele que Oneide guarda no quarto até hoje.

Não parou mais de pintar, até que acabassem as telas de Dona Marta e que não houvesse mais parede livre no barraco pra pendurar pinturas. Os vizinhos vinham ver, pediam um quadro, Candinho dava, não se importava com o que já estava feito, queria era pintar mais.

Demerval arranjou o emprego de vender sorvete na praia e atinou de pendurar os quadros de Candinho no guarda-sol do carrinho de sorvete. Em uma semana vendeu dez quadros, trouxe o dinheiro pra mãe, compraram mais telas e tintas e Candinho continuou a pintar, Demerval a vender. A procura aumentou, não havia quadro que chegasse, o preço foi melhorando. Os vizinhos comentavam:

— Coisa que ninguém havia de pensar: os calungas de Candinho tirando a família da beirada da miséria!

Marisete pôde voltar pra escola, já está quase terminando o segundo grau e pensando em fazer faculdade.

— Deus seja louvado!

Oneide, com a pilha de quadros nas mãos, procurando onde guardar no espaço tão apertado da casa, ri contente, pensando:

— Já, já esse problema vai acabar e junto com ele o desassossego de Candinho.

Por um tempo, fazer aqueles quadrinhos tão bonitos deixava Candinho feliz e os outros admirados; mas, de repente, o filho começou a pintar umas coisas que Oneide achava muito esquisitas e que ninguém queria comprar: à vezes só uma orelha num canto e o bico de um passarinho no outro, ou uma pedaço de mão segurando o que podia ser a metade de uma flor, ou um olho grande sozinho no meio da telinha. Marisete dizia:

— É arte moderna, mãe, não se preocupe, não.

Um dia, a mãe perguntou:

— O que é isso, Candinho, por que está pintando tudo assim, partido?

— É que as coisas não cabem mais em quadrinho pequeno, mãe, preciso de quadro bem grande, como aquela parede ali, pra poder botar tudinho dentro.

E Oneide então meteu um plano na cabeça:

— Pois eu vou aproveitar o espaço que fica no fundo da casa, até o muro de arrimo do barranco e vou fazer pra Candinho um ateliê, nome certo de oficina de artista que eu vi na televisão.

Falou na reunião da comunidade, prometeram:

— A gente faz um mutirão pra construir se a senhora arranjar o material.

— Pois eu garanto que vou juntar o dinheiro, e logo vocês podem marcar o início da obra.

Mas, cada vez que estava perto de completar o tanto que precisava, aparecia um caso de desgraça na comunidade, que demandava recurso pra resolver e Oneide passava a noite sem dormir, pensando no dinheiro que tinha guardado na rachadura da parede, na outra pessoa necessitada, e lhe vinham as palavras do Evangelho:

"Quem tem duas túnicas que dê uma a quem não tem."

Ou o refrão das palavras de Jesus que ela gostava tanto de cantar:

"Aquele irmão a quem ajudaste era eu, era eu, era eu."

Não podia se negar, e lá se ia uma parte do ateliê de Candinho para a cadeira de rodas de seu Antenor, pro telhado de Antonina que desabara, pro caixão do filho de Belinha que morreu baleado, pra uma roupa e um sapato decentes com que o Zico de Carmélia se apresentasse no primeiro emprego de sua vida, e isso e aquilo, e toca a juntar de novo.

Oneide estava cansada demais. Desde que começou com esse plano, economizava tomando um ônibus só, para ir e voltar do serviço, caminhando a pé mais de uma hora na ida e na volta, carregando as sandálias na mão pra não gastar as solas.

— Mas agora, pronto! O dinheiro está completo, as desgraças da comunidade me deram uma trégua, Vadinho prometeu que mantém o preço do material que me deu no começo, e é preciso correr já pra não perder a reunião, que eu vou anunciar que consegui tudo e marcar o primeiro mutirão pro domingo que vem! *Deus seja louvado!*

Oneide dá uma última olhada no relógio da cozinha, oito e quinze, um pouco atrasada, pega o Novo Testamento e o livrinho de cânticos, sai pela porta da sala e quase atropela Carmélia, que vem subindo os três degraus da rua, meio desequilibrada em suas pernas desiguais.

Carmélia está chorando, a lâmpada fraca do poste é bastante pra fazer brilhar as lágrimas, que são muitas, escorrendo pela cara encovada da mulher magra, que anda torta para um lado por causa da perna mais fina e curta que a outra.

Oneide pressente alguma desgraça. Ampara a vizinha até o velho sofá que atravanca a salinha, espera a outra poder falar:

— Ai, Dona Oneide, Zico foi acusado de roubar um rádio-gravador na loja em que trabalha.

Carmélia soluça mais um tanto e depois continua:

— A senhora sabe que não foi ele, Dona Oneide, é injustiça e maldade dos outros que acusaram só porque ele é o mais novo ali, não vai pra farra com eles, não gasta o pagamento com cerveja, traz tudo pra casa. Prenderam ele porque é preto e pobre, Dona Oneide, e o delegado diz que se mandar para a Detenção, novinho assim, ele vai é servir de mulher pros outros, que não pode fazer nada, não pode soltar, só se eu pagar a fiança de cem reais.

Carmélia assoa o nariz, enxuga os olhos com um lenço meio desfiado, mas não consegue parar de chorar:

— Onde é que eu vou tirar cem reais, Dona Oneide, eu sozinha?

Oneide sente a revolta, a recusa lutando contra o sentimento de dó, pensando:

— Agora já é demais! Por que sempre eu é que tenho que resolver os casos dos outros? Por que Carmélia não foi bater em outra porta?

Oneide sente raiva de si mesma:

— Que burra, eu! Por que foi que não bati na porta do depósito do Vadinho e não lhe entreguei o dinheiro todo hoje mesmo?

Carmélia continua a chorar e a recontar a mesma história. Oneide procura uma ideia de como se livrar do pedido desesperado que a outra não diz mas ela ouve. Não quer olhar pra Carmélia pra não enfraquecer, pensando:

— Com que palavras é que vou dizer não pra essa mulher sozinha e desamparada como era eu mesma quando cheguei de Minas aqui, sem conhecer ninguém, sem marido, com os filhos pequenos?

Oneide não quer olhar pra Carmélia, olha pro teto, pro chão, pras paredes, e lá está o Cristo de gesso, ferido, pregado na cruz, no meio das manchas de umidade que parecem assim como se fosse o mapa do mundo, e vê que ele também está tão sozinho ali!

— Não tem jeito. Jesus, Carmélia, Zico, Candinho e eu mesma é tudo uma coisa só, uma irmandade só.

Levanta-se em silêncio, entra no quartinho, retira o quadro, descobrindo a fresta na parede.

Lá se vai Carmélia, entre as lágrimas de gratidão o riso de alívio, uma nota de cem reais amarfanhada na mão.

Oneide fica ali sentada, hoje não tem mais coragem para ir à reunião.

— Bem que Dona Marta já me disse que devia largar disso, cuidar da minha família que já é muito.

Hoje não vai à reunião, mas semana que vem ela vai de novo, sabe que vai. ◣

Maria Valéria Rezende nasceu em 1942 na cidade de Santos, SP, onde viveu até os 18 anos. Morou e trabalhou nas periferias do Rio de Janeiro e de São Paulo até 1971, quando se mudou para o Nordeste – primeiro, para Pernambuco, e, em 1976, para a Paraíba, onde vive até hoje.

Durante 20 anos, morou em cidades do interior, trabalhando como educadora em movimentos e organizações populares urbanas e rurais e na formação de educadores populares. É religiosa da Congregação de Nossa Senhora – Cônegas de Santo Agostinho. Formada em Pedagogia, Língua e Literatura Francesa, especializada em História da Igreja na América Latina e mestre em Sociologia, dedicou-se prioritariamente à Educação Popular, atuando em todo o Nordeste e em outros países da América Latina e da América do Norte, e também no Caribe, na Europa e na Ásia.

Tem livros publicados sobre educação, história e sociologia; em 2001, começou a publicar ficção e poesia para adultos, jovens e crianças, tendo recebido importantes prêmios nessa área. Atualmente, é diretora-presidente da Associação Educativa Livro em Roda, que promove a leitura literária para crianças e adolescentes das escolas rurais do Conde e de Assunção, na Paraíba.

Diogo Droschi nasceu em Belo Horizonte, MG, em 1983. Graduado em *Design* Gráfico pela UEMG e em Artes Visuais pela Escola de Belas Artes/UFMG, trabalha atualmente como *designer* gráfico, desenvolvendo projetos editoriais.

Antes, em agências de publicidade, costumava ilustrar para *sites* e peças publicitárias; ilustrou também para o jornal do Centro de Alfabetização, Leitura e Escrita (Ceale) da Faculdade de Educação da UFMG.

Para ilustrar este *Histórias daqui e d'acolá*, inspirou-se na xilogravura, principalmente a que ilustra a literatura de cordel; em lugar da goiva e do formão, no entanto, usou o *mouse*: trabalhou diretamente no computador com desenhos vetoriais (programa *Illustrator*) e texturas (programa *Photoshop*).

Esta obra foi composta com a tipografia
Electra e impressa em papel Off Set 90 g. na Formato
Artes Gráficas para a Autêntica Editora.